実話奇聞
怪談骸ヶ辻

服部義史

竹書房

※本書に登場する人物名は、様々な事情を考慮してすべて仮名にしてあります。また、作中に登場する体験者の記憶と体験当時の世相を鑑み、極力当時の様相を再現するよう心がけています。現代においては若干耳慣れない言葉・表記が登場する場合がありますが、これらは差別・侮蔑を意図する考えに基づくものではありません。

まえがき

皆様、御無沙汰しております。服部義史です。

今回のテーマは、生きるか死ぬかの境目です。

選ばせていただいたどのお話にも怪異に結びつく境界線があり、アイテムがあり、気付きがあります。

それを知らずに踏み越えた瞬間、怪奇現象が発生するようです。

——その境目はどこにあったのか？

そちらも意識しながら読んでみてください。

体験者の方、私が気付いていない境目があるのかもしれません。

読者の皆様だけが、真相を読み解く可能性もあります。

準備はよろしいでしょうか。

それでは『実話奇聞 怪談骸ヶ辻』、始まります。

目次

猫

国木さんの家には猫がいる。

飼っているのではないが、猫がいる。


「もう一年くらい経ちますね」

仕事から帰宅すると、アパートの部屋の中にキジトラ猫がいた。

最初は驚いたが、昔、実家では猫を飼っていたので、扱いには慣れている。

彼は猫を驚かせないようにと、侵入口を探して回る。

(おかしいなぁ。窓は全部閉まっているし……)

さて、どうしよう。

餌の用意も必要だが、病院へ連れていって病気の検査をしたほうが良い。

ペット禁止のアパートであることをすっかり忘れ、国木さんは既に飼うつもりになっていた。

まずは猫を捕獲する方法を色々と考える。

（こんなもんしかないよなぁ）

洗濯物を入れておいた籠を片手に、静かに猫に近づいていく。

タイミングを見計らい、えい、と籠を一息で被せる。

――閉じ込められたはずの猫は、するりと擦り抜けた。

（あれ？　失敗した？）

また静かに近づき、閉じ込めることに成功した。

しかしその後、猫は籠を通り抜ける。

目の錯覚ではない。

この時点で漸く、この猫が生きているものではないと気付いた。

「まあ、可愛いです。触れないのは残念ですが、鳴き声や甘えてくるような表情は見られますから」

どうして突然、国木宅に現れたのかは分からない。

そして、このお話には興味深いエピソードがある。

「こんなこと話したって、なかなか信じてもらえないじゃないですか」

国木さんは猫可愛さ故に、何度も撮影を試みた。

どの画像も彼の部屋が写るだけだったが、一枚だけ奇跡が起きたという。

——凛とした顔でこちらを見つめる猫。

「どうです？　可愛いでしょう？」

現在、携帯の待ち受けにも使われているが、彼の部屋で生活している猫の姿だそうだ。

「人が好きみたいで、遊びにきた人に擦り寄るんですよ」

国木さんはその感覚を味わえないが、他の人は何かが触れたと言うらしい。

「触れないけど見られるってのと、見えないけど触れるってことみたいです。そう考えたら、今のほうがいいですよね」

国木さんは今日も愛猫と仲良く暮らしている。

ある男の人生　一

現在、五十歳になる小田さん。

幼少期は人見知りで、いつも母親の陰に隠れているような性格だった。

「確か、保育園の頃だったと思うんですよね」

彼は居間でテレビを見ていた。

ふと、背後から視線のようなものを感じる。

振り返ってみると、窓枠の下方から顔を半分だけ覗かせている人がいた。

恐怖心に駆られた彼は、台所で夕食の支度をしている母親の元へ走り出す。

小田さんは何があったのかを上手く説明できないでいたが、母親はざっくりと理解してくれたようだった。

「もう、暗くなってきたのならカーテン閉めなさいって言ってるでしょ。そうしないから、怖いってなるの！」

母親により勢いよくカーテンは閉められたが、誰かの姿に気付いている様子はなかった。

その後もカーテンの向こうからは濃密な気配が発せられている。

結局、寝る瞬間まで母親に纏わりつき、その日はやり過ごした。

別の日、母親と夕食の買い出しに出掛けていた。

近所に住むお婆さんとその途中で遭遇する。

母親とお婆さんの間で他愛のない会話が交わされる中、小田さんは気になったことがあった。

「ねぇー、ねぇー、お婆ちゃん死んじゃうの?」

ぎょっとした母親が慌てて小田さんの口を塞ぐ。

「な、何を言ってるのかしら、本当に変な子だわー」

お婆さんは小田さんの視線に合わせるようにしゃがみ、優しく話し出す。

「そうねー、婆ちゃんそろそろ危ないかもね。婆ちゃんが死んだら、達《たっ》ちゃんを守ってあげるからね」

「嫌だわー、まだまだお元気ですって。すみません、そろそろ行きますので」

お婆さんと別れた後で、小田さんは母親に小声で怒られる。

「あんたね、死ぬとか変なことを言ったらダメ。いい? もう絶対に言っちゃダメだからね」

その翌日、お婆さんは亡くなった。

老衰で、安らかな死に顔であったという。

「多分、これが一つの切っ掛けだったと思うんです。それから頻繁に霊を見るようになったし、勘みたいなものが鋭くなったように記憶しています」

因《ちな》みに、お婆さんの死を予見した理由は、彼女の背後に濃い灰色の球体が浮かんでいるのが見えたためだ。

その瞬間に、何故か頭に『死』というものがイメージされ、意味を理解できないまま言葉に出したという。


「みっちゃん、達《たつ》のこと、どう思う？」

ある日曜日、母親は実家に帰省して実の妹と話をしていた。

小田さんの叔母に当たる人も、金縛りにはよく遭う人だった。

それ故、心霊系の雑誌やテレビ番組についても興味を持ち、それらから自分の状況を理解しようとしている人であった。

「あたしとは違って、ちゃんと霊が見えているのかもね。でも、そういうのって否定したらダメらしいよ。折角の力がなくなっちゃうんだって。人前では話したらダメだって教えて、家族の間では、『へぇー、そうなんだ』って認めてあげるのが一番らしいわ」

以上は、後に小田さんが母から聞いたことだが、この日の話し合いで小田さんに対する家族の対応が決まったらしい。

小田さんも、自分の母親が世間体を気にしていることを感じ取り、空気を読んだ発言をするようになっていった。


小田さんが小学校高学年のとき、長閑《のどか》な田舎を騒がせる事件が起きた。

同級生の弟が行方不明になってしまったのだ。

その子は失踪する前に、小田家ともう一軒の家を訪れていた。

どうやらテレビゲームをしたかったらしいのだが、どちらの家の子供も、外へ遊びに出掛けていた。

その後の足取りは途絶え、地元住民が総出で捜索する事態となる。

母親は自宅で彼方此方《あちこち》に電話を掛けながら、捜査状況の連絡を取り合う役目を担っていた。

「今、田圃のほうに工藤さん達が向かうって。松山さん達は神社から山に入っていくって」

その子の家は大きな田圃を所有していた。そちらにいるなら当に見つかっているだろうから、いるとしたら山のほうかもしれないというのが大人達の推理であった。

外はすっかり日が落ち、懐中電灯を持った大人が四方を走り回っている。

「もう、何処に行ったんだろう……。こんな時間になっても帰ってこないってことは、何処かで怪我して動けないんじゃ……」

その母親の言葉に、小田さんはある映像が頭に浮かんだ。

「違うよ、田圃じゃない。海。井戸っこの浜の近く」

井戸っこの浜というのは小さな湧き水が出ている場所で、地元の人がそう呼んでいた。

母親はその言葉を聞くと、外に飛び出す。

「ちょっと、阿部さん！　海へ行って！　井戸っこの浜の近くに行って！」

子供を助けたい思いの大人達は藁にも縋《すが》る思いだったのだろう。

チームを組み、現場へと一斉に駆け出す。

「いたぞー！　見つかったー！」

大きな声が響き、喜びの声が溢れた後、田舎は静寂に包まれた。

「うん、うん。分かった……」

力のない声で母親は電話を切る。

その後、また彼方此方へ電話を掛けながら、ぼそぼそと何かを話していた。

「あのね……死んでたんだって」

母親の告白に、小田さんは特に驚かなかった。

映像が浮かんだとき、既に動いてはいなかった。

そういうことなんだろうと、他人事のような感覚で受け入れていた。

遺体は防波堤上部に置かれていた流木にロープの端が引っ掛かった状態で、もう一方はその子の首に巻き付き、身体は宙へ浮いていた。

警察の見解では遊んでいる内に、偶然に縊死《いし》状態になったのだろうと判断されたと話は広まる。

その日の二十二時過ぎ、小田家を二人の男性が訪れる。

「お子さんにお話を伺いたいのですが」

「何も話すことはない！　こんな子供に何を聞くっていうんですか、帰ってください！」

玄関先で怒声を上げた母親が二人を追い返す。

そのやり取りを見ていた小田さんは、人に自分の能力を気付かれてはいけないのだと痛感する。

「後で聞いたんですが、その二人って私服警官だったらしいです」

最終的にこの事件は単なる事故で処理された。

だが、一定の期間を経て、ある噂が広まる。

——殺人の可能性もあったと。胸部に残された横一文字の打撲痕が不自然であったと。

「二人……名前が挙がっていたんですよ」

一人は当時高校生で、今は地元を離れて暮らしている。

もう一人は事件から十年後に、自分の持ち山で遺体で発見された。

死因は失血死。

遺骸の傍にはチェーンソーが落ちていて、木を切ろうとして誤って自らの腹部を傷つけたのだろうと判断された。

「この話は蒸し返すべきじゃないので、そういうことがあったということだけを書いてください」

意味深な言葉に小田さんの見解を伺ってみる。

「地元の殆どの人は、今はもうこの件を忘れています。だから警察の判断が一番です。そういうことがあったね、でいいんです。……私の力には裏付けがありませんし、証拠を提示することもできません」

それ以上、この内容については聞き出すことができなかった。

ある男の人生　二

先の話に出た、小田さんの高校生の頃の話。

周囲には霊感があるということは知られないようにして生きていた。

その高校に通う地元民が少なかったこともあり、実に穏やかな生活を送っていた。


一年生の夏休み、クラスの有志でキャンプを行うこととなった。

小田さんの友人はヤンチャな人が多く、夜になると当然のように酒盛りが始まった。

好きな子の話、敵対する先輩の話などで大いに盛り上がった。

一頻り話が終わると、その場が静まり返る。

「そういやよぉ、怖い話って誰かねぇの？」

友人の悟が突然、切り出した。場を盛り上げようとしてのことだろう。

「何だか分かんねぇけど、お化けっぽいのを見たことはあるぜ」

隆の告白に周囲は歓声を上げる。

「何か白っぽい奴が、家の塀の上に立っててよ、ゆらゆら揺れてると思ったら、急に消えてやんの」

「マジかよ。達ちゃんとかは、そんなんねぇの？」

「俺……。俺は……」

慣れない酒の勢いもあったのだろう。

そして、霊のことを鼻から否定しない空気感に、小田さんの口は滑った。

これまでに見た物の形状やシチュエーション。人型だけではなく、光の集合体や半妖的なグロテスクな存在まで事細かに説明をした。

「マジかよ……」

誰かのその一言で、場は一気に静まり返ってしまった。

(しまった。調子に乗って話し過ぎた)

小田さんが反省し口籠もると、悟が急に雄叫びを上げた。

「てーことはよ、達ちゃんと一緒ならお化けが見えるかもしれねぇじゃん！」

「そうだよな、あそこにいるって言ってもらえたら、俺らでも見える可能性がアップする訳だし！」

小田さんは一切否定されたり嘘を吐いていると思われないことから、この仲間で良かったなと痛感する。

「ってことでよ、肝試し行こうぜ。実はな……」

悟の地元の先輩はこのキャンプ場で霊を見たことがあるという。

その場所まで、全員で行くことになった。

キャンプ場の端のほうで、山間部へ通じる細い道があった。

その途中に吊り橋があり、悟の先輩はそこで白い女性の霊を目撃したらしい。

何だかんだと大騒ぎしながら、皆で吊り橋の前まで辿り着く。

（ふぅ……）

小田さんが周囲を窺《うかが》うと、確かに霊気を感じる。

「なぁ、何処よ？　どの辺にいる？」

「多分……見えると思う」

小田さんは先頭に立ち、吊り橋の中央付近まで歩を進める。

仲間は暗闇に怯えながら、数珠繋ぎで後を付いていく。

「一回、ここで止まって。で、正面を見た後、ゆっくりと左向きに振り返って」

懐中電灯の弱い光が闇を捉える。

「うぉーーおおおお！」

突然、悟は雄叫びを上げながら、小田さんのほうへ突進してきた。

狭い吊り橋の上、周囲の仲間はパニック状態に陥り、元来た方向へ走り出す者、小田さんへしがみついてくる者と大変な騒ぎとなる。

「危ない、危ないから落ち着いて！」

古い吊り橋は大きく揺れ、事故を招く恐れが高まった。

(邪魔だから、消えろ)

小田さんは強く念じるとともに、仲間に呼び掛ける。

「もう大丈夫。いないから、怖くないから大丈夫」

五分程で、吊り橋に残ったメンバーは落ち着きを取り戻していく。

その後はゆっくりとした足取りで、テントまで辿り着いた。


「これがまた一つの切っ掛けで、霊を消すということを覚えました」

悟はこのとき、暗がりに白く浮かぶ人影を見たという。

それが男性か女性なのか判別はできなかったが、地面を滑るようにこちらへ近づいてきた為にパニックに陥った。

この出来事で、同じ霊を見たのは悟と清志。

二人はその後も、偶に霊と思しきものを目撃するようになってしまった。

ある男の人生　三

小田さんは高校を卒業すると、地元から離れた町に就職する。

高校からの悪友も、同じ町の大学へ進学したり就職したりしていたので、週末はよく小田さんの家に集まっていた。

「で、今日は何するのよ？」

毎週同じことを話しているが、皆揃って貧乏な生活をしていた為、選択肢は限られる。

安いカラオケボックスに行くか、心霊スポット巡りをするのが、お約束となっていた。


「今日はここに行ってみねぇ？」

コンビニで売られていた安い心霊スポットマップを広げる。

元はホテルだったが、廃墟となった現在は有名スポットとなっているようだ。

無数の霊を目撃したとか、トイレのドアが突然閉まり中に閉じ込められた——というような体験談が掲載されていた。

小田さん達は三台の車に乗り合わせ、一時間程掛けて現地に辿り着いた。

「どうよ、ここ？」

確かに霊気は十分すぎる程感じられる。

何かがあっても別段、おかしくはないだろうと思われた。

恐らく玄関ホールだったと思われる場所に踏み入ろうとした小田さんは、建物の奥から強烈な気配を感じる。

意識をそちらに集中すると、真っ黒い人影が脳内に浮かんだ。

『クルナ……クルナ……クル……』

同じ言葉が頭の中に響き渡る。

ここまではっきりと霊に拒絶されたことのない小田さんは逡巡する。

「達ちゃん、早く行こうぜ」

「今日は何処にいる？　俺も見たいからレーダー宜しく！」

わいわいと歓声を上げながら仲間達は奥へ進んでいく。

「ちょ、ちょっと待ってって」

嫌な予感に苛まれつつ、小田さんも後に続く。

ホテル内を探索している間、常に周囲から視線と圧力を感じ続けた。

「ねぇ、達ちゃん。今日はお化けはいないの？」

いない訳ではない。ただ、先ほど感じた黒い人影はその姿を消していた。

ちらちらと辺りを確認しながら進むが、個体の霊としては姿を見せてはこない。

空気――いや、建物全体が大きな霊体となって、小田さん達を飲み込みながら監視しているような感覚に陥っていた。

「ここが噂のトイレじゃね？」

良晴が一人で個室の中に入っていき、そのドアを閉める。

「うわー、開かない。助けて、出してー！　……なんてな」

おどけながら良晴が顔を覗かせた。

周囲は爆笑に包まれたが、小田さんだけは笑えない。

中から出てきた良晴の右肩には、筋張った白い手が一つ乗っていたのだ。

どのタイミングでどう対処しようと考えながらの探索は続く。

気が付いたら、元の入り口まで舞い戻っていた。

「達ちゃん、良晴が肩が重いって言ってるんだけど？」

「何かさぁ、気のせいかなって思ってたんだけど、めっちゃ痛いし重いんだわ。今、十キロ二十キロくらいの物が乗っているような感じ」

小田さんの目には先ほどから変わらず、白い手が乗っているだけにしか見えない。

「うん、任せて。大丈夫、手が乗っているだけだから」

気合いを入れながら、手を引き剥がそうとするが一切の手応えを感じない。

そのとき、また建物の奥から、黒い人影の気配を感じた。

『クルナ……クルナ……デテイケ……デテ……イケ……』

また映像とともに、拒絶の声が頭に響く。

(うるさい、うるさい、邪魔するなって)

白い手は小田さんをあざ笑うように指を蠢《うごめ》かせ始める。

(あ、これ無理かも……)

そう思った瞬間、全身を光が駆け抜けたような感覚に陥る。

脳内で邪魔をしていた映像と声は掻き消え、澄んだ鈴のような音域で一つの言葉が浮かんだ。

――南無阿弥陀仏。

小田さんは従うように念仏を連呼しながら、手を払い除けようとする。

やがてペロリと剥がれた手は床に落ち、そのまま浸透するように消えていった。

「あー、急に軽くなった。やっぱ達ちゃんすげぇわ」

小田さんは苦笑いを浮かべるも、早くこの場から立ち去ったほうがいいと仲間に告げる。

一斉に車に乗り込むと、慌てて車を走らせた。


「それまで、霊から意思というものを感じたことはなかったんです。ただそこにいる、という認識で、最悪なときには排除できるという変な自信もありました。この件は、驕りに気付く切っ掛けでした」

この件から小田さんは心霊スポットには近づかないようになった。

仲間からの催促はあったが、色々と理由を付けてはやり過ごすように生活を変えていくのである。

ある男の人生　四

小田さんは二十代の後半が一番能力が強かったという。

危ない場所には近づくこともなくなったので、精々、普通の生活圏で霊と擦れ違うだけの生活である。

「霊の感情とかも分かるようになっていたので、くっついてくる奴とかは見分けられるようになっていましたし、恨みとか後悔の念が強いヤバイ奴からはなるべく気付かれないように距離を取って移動してましたね」

そのように気を付けていても、取り憑いてくる霊は存在する。

「一般にいう、浄霊とか浄化ということはよく分からなかったんで……」

小田さん的には潰す、消滅させるという方法だったらしい。

家まで憑いてきたモノに対しては、その都度遠慮なく対応した。

霊体、霊気ともに空間には存在しなくなるので、完全排除という言葉が適切だったのであろう。

その頃の小田さんには色々なものが見えていた。

高校からの友人と電話で話していると、突然映像が浮かぶ。

「今、朱美って夕飯作っているのか？」

「ああ、飯作ってるな」

「今日はカレーか？」

「ん、ちょっと待って。ああ、シーフードカレーだって。……って何で分かった？」

「いや、何となく。で、海斗は部屋で遊んでいるのか」

「あー、だろうな。ここにいないから」

「本当に電車が好きだな」

「……。おい、どういうことだよ、見えてんのかよ！　おい！」

一つ一つの場面を切り取ったように、情報が頭に流れ込んでいた。

これは同時刻の現象だけに限られたことではなかった。

行きつけの飲み屋でマスターと雑談をしていたときにも映像が流れる。

「マスターの実家って、農家やってたんだ」

「あー、そうそう。話したっけ？　そんなこと」

「で、ここ数年は実家に帰っていない、と」

「まあ、この商売を始めたから、なかなか纏まった休みは取れないよね」

「でも帰ったほうがいいみたい。墓参りしたほうがいいって。可愛がってくれたお祖母ちゃんが上手く力を発揮できるように。守ってもらえるようにしないと、入院しちゃうみたいだよ」

「ちょ、ちょっと待って。え？　何急に？」

「胃の調子が悪いんでしょ。それ、進んだら潰瘍になるみたい」

未来の話であるはずの、マスターの入院中の映像までが小田さんの頭には浮かんだという。

「当時は万能感に包まれていたというか、色んな人の相談事にも乗っていましたねぇ」

半分、占い師のような感じでこうしたほうが良い、と助言をしていた。

そのアドバイスがことごとく的中し、感謝されるので、暇さえあれば人の話を聞く生活が続いた。

ところが三十歳の誕生日を迎えた日、ぱったりと映像が浮かばなくなった。

相談に乗る約束をしていた人もいたので、事情を話して謝罪をする羽目になる。

「人助けのつもりでいたんですが、やっぱり調子に乗っていたんですね。本当に困っている人に限定するべきだったのかもしれないし、力を大っぴらにしてはいけなかったのかもしれません」

このとき、また彼は一つの気付きを得ることになる。

ある男の人生　五

小田さんが三十代半ばの頃、とあるアパートへ引っ越しをした。

内覧もそこそこに急遽決めた物件なので、多少の住み辛さは感じていたが、その内に慣れるだろうと思っていた。

そのアパートで生活を始めてからは、色々な霊を目撃する。

天井からぶら下がる男や、浴室内に立っている女など、ほぼ毎日何かと遭遇するが、その都度、排除という形で対応をしてきた。

ある日のこと、出勤時に交通事故に巻き込まれる。

仕事を休む訳にはいかないのでそのまま働いていたが、徐々に腰と首の痛みが増していく。

最終的に手に力が入らなくなってしまったので、病院へ向かった。

検査の結果、頸椎《けいつい》腰椎椎間板障害と診断が下される。

無理をしない状態で時間が経てば、完治すると医師は言った。

しかし、小田さんの身体の状態はどんどん悪化していく。

足にも力が入らなくなり、歩行困難な状態にまで陥る。

病院を変え、検査入院などを経て、症状が進行した場合は頸椎と腰椎の手術を必要とする可能性を示唆されてしまった。

仕事は休職扱いになり、毎日通院治療を受け続ける。

それでも状況は改善されず、精神的にもどんどん追い込まれていった。

その一方、アパートへの霊の出没回数は増していき、排除しようとするがどうにも上手くいかない。

怖い対象ではなかった霊が、我が物顔で圧力を掛けてくる。

それは小田さんの現状をあざ笑っているようにも思えた。

(終わったな……。死んだほうが楽だ……)

小田さんの思考は最悪のことを常に考えるようになっていく。

その頃、知人との話の中で、何故か霊能力者という存在が出てきた。

「それって、何かに憑かれたりして悪い状況になっているんじゃない？」

自分が霊に取り憑かれているとは思えない。

ましてやテレビなどで霊能力者と自負している存在は、胡散臭《うさん》さしか感じたことがない。

適当に話を切り上げようとするが、半ば強引に霊能力者を斡旋《あっせん》されてしまった。


その次の日曜日、アパート前で霊能力者と会う。

予想とは違い、何処にでもいそうな中年女性であった。

「初めまして。本日は宜しくお願いします」

丁寧な口調とお辞儀の後に、優しそうな笑顔を浮かべてきた。

一緒に部屋に移動しようと、小田さんは足を引き摺りながら案内をする。

「あ、ここで宙に浮いている女性を見てますよね？」

途中の通路で霊能力者は突然言葉を発した。

小田さんは予想していなかった状況にギクリとする。

（一カ月以上も前のことだぞ。この人、同じものを見てるのか？　いや、過去まで見られるっていうのか？）

室内に入ると、霊能力者はふんふんと頷きながら、彼方此方を見ていく。

「ここではお爺さんが座ってて、あっちの部屋では女の子が仰向けに倒れてて……」

実際に小田さんが視認できることを次々と的中させていく。

「で……他に何かあったりします？」

「うーん、そうねぇ。ここは早急に出たほうがいい。じゃないとどんどん悪くなるし、最悪、命まで取られかねない」

霊能力者の見立てでは、二つの霊道が小田さんの部屋で交わっているという。

常に霊が入れ替わるように現れることで、精神的におかしくなるし、その結果肉体にまで悪影響が及んでくる。

「あなたの力は本物です。でも、だから騙されちゃったね。ここはそういう人が住んではいけない場所なの」

交通事故もその後の身体の不調続きも、霊の影響が大きいという。

「三カ月だけ、霊道を上に持ち上げます。その間に引っ越してください。大丈夫です、できます。誰かが助けてくれるはずです」

その後、霊能力者は手を合わせてぶつぶつと何かを呟いていた。

「はい、完成です。絶対に引っ越してくださいね」

「あのー、因みにお礼というか……。相場とかってよく分からないんで……」

「あ、そういうのは交通費とお気持ちだけで十分です」

本当に霊能力者は僅かばかりの金銭を受け取り、帰宅していった。

「実際に、引っ越しができました。金銭的に厳しいとは思っていたんですが、事情を知った叔母が援助をしてくれましたし……」

その日から小田さんの体調はみるみる回復していき、室内で霊を目撃することもなくなったそうだ。

最初に小田さんが感じた住み辛さ。

霊能力者が言うには、そういう感覚は大事にしたほうがいいらしい。

それに気付けるかどうかで、人生が大きく変わるという。

ある男の人生　六

現在、五十歳になった小田さんが住んでいる家はお化け屋敷である。

霊を目撃するのは当たり前だし、ラップ音や電気関係のトラブルは日常茶飯事となっている。

「よっぽどめんどくさい奴とかは排除しますが、そこまでじゃない奴は無視してます」

これまでの霊との付き合いから、自分なりの距離感というのを小田さんは学んだ。

自ら進んで周囲の人間に霊能力をひけらかすこともないが、偶々そのような話になったときには普通に自分が見えていることや感じたことを説明する。

「最初は驚かれるんですが、同じことを言われたことがあるという人が意外と多いんですよね」

霊の話をする人というのは、それなりにあちらの世界に興味があり、知識を持ち合わせていたり、能力者と呼ばれる人に出会っている確率が高いことを知った。

ある日のこと、職場の雑談から何故か霊の話になった。

「どう思います、小田さん？」

「うーん、君に憑いているのは女性じゃなくて、動物の霊だと思うけど」

同僚は唖然とした顔で固まる。

「多分というか、一カ月以内に轢《ひ》かれている犬を見ているよね。その犬が憑いていると思うよ。別に大きな害がある訳じゃないし、その内、いなくなるとは思うけど」

同僚は右肩が重いことから、ネットで調べた霊能力者の元を訪れていた。

そこでは女性の生霊が憑いていると言われたが、思い当たる人が誰もいない。

小田さんの霊視で犬と断定されたことで、思い当たることが多々あったそうだ。

まず第一に朝起きると、顔の周りを獣臭が漂う。

時々、犬の鳴き声が聞こえたような気がするが、周囲には該当するような存在は見当たらない。

「そのとき、可哀そうに、って思ったでしょ。動物の霊って本能的に救われたくて、その感情に縋りつくんだよね」

「……大きな害ってことは、小さな……いや、何かの問題があるってことだよね？」

「うーん、疲れやすいとか、風邪とかを引きやすいっていうのはあると思う。どんな霊も精神と肉体に影響は絶対にあるから」

「じゃ、じゃあ、早く取ってよ。分かるんなら取れるんでしょ？」

「うーん」

小田さんは逡巡する。

取ることは容易いが、同僚の深層からは慈愛の色が窺えた。

「まぁ……取りますか」

いつもの小田さんは、現世に存在することを許さないという強い気持ちと同調させるように霊能力を増幅させる。

強い光をイメージし、それを霊にぶつけることで存在を消滅させてきた。

だがこの日の小田さんは、天から降り注ぐ光をイメージした。

犬の霊をその光のほうへ誘導すると、一瞬で同化し、静かに天へ昇っていった。

「本当の所はどうか分かりませんが、多分、あれが俗にいう浄化って方法だと思います」

小田さんはこれ以降、霊の対処方法を考えるようになった。

自然体というのは前提であるが、優しさということを心掛けるようになっていく。

「あ、そういえば、昔は街中で霊と擦れ違っても気付かないことがあったと思うんです。

生きてる人間と何ら変わりがないので。でも、今は力が全盛期ではなくても気付けるんです。なぜだか分かります？」
　彼の人生についての話のエピローグは、コロナ禍が生んだ副産物の謎解きで締め括られた。

追記：令和五年三月十二日以降、個人の主体的な選択を尊重し、マスク着用は個人の判断に委ねられることとなった。それ故、小田さんの〈簡単に見極める方法〉は有効ではなくなってしまう。コロナ禍にあって霊はマスクをしていなかった。今後はその限りではない。

体調不良の理由

ある朝のこと。

富澤さんが目覚めると酷く全身が重く、起き上がるのにも困難を極めた。

熱を測ってみるが平熱で咳などの症状もなく、身体が重いこと以外に病的なものは感じられない。

とても会社には行けそうにないので、欠勤の連絡をする。

（ふう……）

翌日も会社を休む訳にはいかないので病院へ行かなければならないとは思うが、動くこと自体が面倒に思えてきた。

（寝てれば良くなるだろ……）

布団に潜り込むと、更に身体が重くなっていく。

（あ、これヤバイ奴だ……）

身体の重さは息苦しさに繋がる。

真剣に死を意識した富澤さんは、手元にあるはずの携帯に手を伸ばそうとするが、その途中で意識を失った。


目が覚めた富澤さんは、瞬間的に身体の軽さに喜んだ。

ただ、状況が違った。

自身の身体は、軽いどころではない。

実際には宙に浮いていたのだ。

少し動いて判明したのだが、布団にはもう一人の自分が寝ている。

そしてその両サイドには土気色した肌の老人二人が添い寝をしていた。

「おい、爺ぃ、何やってんだよ！　離れろよ！」

怒鳴りつけてみるが、何の反応も示してはくれない。

どうやら富澤さんの声は届いていないように思えた。

それならばと、力ずくで引き剥がそうとするが、伸ばした手は老人を擦り抜ける。

もう一人の富澤さんの身体を動かそうともするが、やはりこちらも擦り抜けてしまった。

それでも諦めずに暫くの間は格闘するが、無駄な作業だと気付かされる。

そして彼はこの状況に一つの結論を導き出した。

――俺は多分、死んだのだろう。

身体が重かったのは、添い寝している老人達の仕業で、死んだのもその所為《せい》で間違いはない。

ただ霊体となった自分と、あの老人達の世界は違うらしい。

だから干渉することは敵わない。


そう理解をすることですっきりした一方、生前やっておけば良かったと思えることが山のように浮かんでくる。

……あの子に告白しておけば良かった。

真剣に勉強して、資格を沢山取っておけば良かった。

浴びるように酒を飲んでおけば良かった。

あの店のカツ丼を最後にもう一度食べたかった。


思い返すことが多い反面、その内容が次第に貧相になっていくことに気付かされる。

富澤さんは自分の人生はこんなものだったのかと悲しくなってしまった。

気付くと頬を涙が伝っていた。

霊でも泣けるんだ、そう考えた瞬間、自分の身体は急激に縮小し、五センチ大の小さな球体になった。

そして空間は歪み、原色のペンキで乱雑に塗りたくったような景色に変わる。

その世界観の中、球体と化した自分は洗濯機に放り込まれたようにグルグルと回される。

どんどん目が回っていく感覚に陥り、やがて意識を失った。


富澤さんが目を覚ますと、まだ二人の老人が両腕にしがみついていた。

無性に怒りの感情が湧き上がり、必死で振り払う。

彼の腕から離れた老人は一瞬で姿を消し、富澤さんの身体は通常の感覚に戻っていた。

そこで漸く気が付く。自分は生きていると。


「夢を見ていたということではないんです。それから霊が見えるようになったんで……」

現在の富澤さんは何処に行っても霊に遭遇する。

ただ、気付かない振りをしてやり過ごしているという。

「あっちの世界のものに関わっちゃいけないんです。無事に戻ってこられる保証はないので」

——同じ目に遭ったら、二度目はないような気がしている。
彼の言葉は非常に重いものであるように感じられた。

「貴方、憑いてるわ」

ある日の休日、荒木さんが通りを歩いていると、背後から声を掛けられた。

「あのー、いきなりでごめんなさい。貴方、ちょっと良くないものを憑けているわ」

振り返ると、何処にでもいそうな中年女性が立っていた。

「はあ……」

「このままじゃ、病気とか命に関わることになりそうだから、ちゃんとお祓いをしたほうがいいと思うの」

心配を装う女性の表情が真剣さを増すほどに、荒木さんの猜疑《さいぎ》心が膨らんでいく。

(ははぁ、新手の詐欺だな……)

ピンときた荒木さんは、取り敢えずは話に乗っかり、最後に懲らしめてやろうと考えた。

「それは困りました。もしかしたら、そういうことが分かる人なんですか?」

「ええ、それで早急に手を打たないと拙《まず》いことになりそうなので」

「えーと、何処に相談したらいいんでしょう?　あ、もしかしたらお祓いができる人ですか？」

「はい、ただ色々と準備をして、万全の態勢で臨まないと、私も死んじゃうと思うので……」

「なるほど、でも僕も死にたくはないので、お願いしたいんですが」

「では、一週間後に執り行いましょう。私の連絡先は……」

「ちょっと、待った！　こういう手法の詐欺でしょ？　引っ掛かると思った？」

「いえ、本当に……」

「あー、はいはい。怪しいお祓いでウン十万とか請求するんでしょ？　残念ながら馬鹿じゃないから。さよなら！」

呼び止める女性を無視して、荒木さんはその場から立ち去る。

(未だにあんな奴がいるんだ。まあ、引っ掛かる馬鹿がいるから、詐欺ってなくならないんだよね)

悪人に正義の鉄槌を下した気分になり、その日は上機嫌で過ごした。

それから三日後、目覚めた荒木さんは全身の重苦しさを感じる。

若干の微熱もある為、単なる風邪だろうと会社を休んで一日中寝て過ごした。

翌日になっても体調不良は改善されない。
兎に角、身体が重く、トイレに行くのにも一苦労した。
（何も食うものないよなぁ）
食べないことには風邪は治らないと、仕方なく近所のコンビニまで出歩く。
適当に買い物を済ませ、また自宅に向かって歩いていると背後から呼び止められた。
「貴方……。早くお祓いをしましょう。一刻を争います」
先日の中年女性が真剣な表情で話しかけてくる。
（めんどくせぇババアだな、まだ懲りてねぇ）
荒木さんは呼び掛けを何度も無視して、帰宅した。
洗面所で手を洗い、目の前の鏡で自分の顔を眺める。
（酷い隈だな……）
窶《やつ》れ果てた自分の顔の背後に、一瞬黒い物が見えたような気がした。
視線を配るが、何もおかしなところはない。
疲れの所為だと気を取り直し、買ってきたサンドイッチを頬張るとまた布団に入った。
更に翌日、荒木さんは違和感で目覚める。

枕は血で染まり、微量ながら鼻血が出続けている。

(あれ？　これってヤバイのか？)

起き上がろうとするが、全身に力が入らない。

救急車を呼ぶことも考えたが、近隣住民にひと騒動を起こすことが恥ずかしく思える。

結果、タクシーを呼び、鼻にはタオルを当てて、病院へと向かった。


「うーん、一通りの検査をしたほうがいいですねぇ」

そのまま荒木さんは入院することになった。

会社には現状を伝え、暫く休むことを伝える。

それから三日後、医師から検査結果が告げられる。

「――恐らく過労でしょう」

病気に該当する異常数値は見つからないらしい。

点滴を受け続け、翌日には退院させられた。


帰宅した荒木さんだが、身体の重さは抜けきらない。

部屋の移動だけで息が上がる状態は続いた。

「何でもないと言われた以上、会社を休み続ける訳にもいかなくて……」

翌日、出勤した荒木さんはデスクで書類を纏めていた。

体調が優れない為、全然作業が捗《はかど》らない。

その途中トイレに向かうが、どうにも足元がふらつく。

壁にもたれかかりながら、何とかトイレまで辿り着いた。

用を済ませ、手を洗った後、ふと目の前の鏡が気になる。

——鬼がいる。

鏡に映った荒木さんの頭上に、もう一つの顔があった。

細く吊り上がった目、顔の半分を占める程、大きく開かれた口は何かを叫んでいるように思える。

髪の毛と思われる物はなく、肌の色も薄紫色に近い。

「あれ……？」

ポタポタと鼻血が零れる。

それに気付いた瞬間、荒木さんの意識は途絶えた。

「気付いたら病院でした」

職場の人間に発見され、救急搬送された荒木さんは白血病と診断される。

入院生活で適切な治療を受け、現在は完治とはならないが職場に復帰することができた。

「あれ以降、鬼の顔は見てないんですよ」

病気になった原因が、例の女性が言っていた通り、取り憑いていたものの所為なのかどうかは分からない。

そしてその後、女性に会うこともないので確認をすることもできないままとなっている。

「でも思うんです。お祓いじゃなくても、医療行為で祓うこともできたりするんじゃないかって……」

その因果関係は不明のままである。

好きな風景

土井さんの実家の横には、墓地が隣接している。

「まあ、ガキの頃から見慣れた景色ですからねぇ」

彼の部屋の窓からは、墓地一面が窺えるという。

特に恐怖心を感じない彼は、結構な頻度で夜間でも窓から墓地を眺めていた。

「これぞお化け、っていうのは見たことはないけど、墓の周りをゆらゆらと揺れる白い人影なら飽きる程見ましたね」

別にこちらに何かをしてくる訳でもないし、霊にとっては自分の家の周りを歩いているだけでしょ——と彼は考えていたようだ。


「何か変わった話ねぇ……。あっそうだ、墓が光るって話は知ってます？」

周囲の街灯や月明かりの影響ではないらしい。

偶に青白くお墓が発光していることがあるという。

「どういう理由があるのかは知りませんが、石の材質とかも関係ないですよ」

光る墓石の場所は限定されたものではなく、転々と移動している。

「後はそうですねぇ……。お盆のときには、みんな墓参りに来ますよね。偶に面白い光景が見られますよ」

家族がお墓に水を掛けたり、お花や供物を供えて手を合わせているときに、墓石の上に立っている人がいるという。

「あの瞬間、プロレスラーがコーナーポストに立っている姿を連想しちゃうんです。お前ら、必殺技を食らうぞ、っていつも窓から突っ込んでいますよ」

けらけらと笑う土井さんだが、性根は優しい人である。

「俺が怖いお化けを見ないで済んでいる理由は、残された家族がちゃんと供養をしているからだと思うんです。だから、あの景色は大好きなんですよねぇ」

土井さんは期待に応える怖い話がなくてすみませんと詫びた。

知らせ

高岸さんが二十三歳の夏のこと。

アパートに帰宅すると、リビングの床に石が落ちていた。

部屋の窓ガラスを確認するが、割れているところはない。

リビングの天井も見上げるが、穴が開いている訳でもない。

しゃがみ込み、石をまじまじと眺める。

(玄関も窓も鍵は掛かっていた……)

掌からはみ出るサイズの石を持ち上げてみると、ずっしりとした重さがある。

一体、どういうことなのだろうと考えるが、一向に答えは見つからない。

(でも、何処かで見たような気がするんだよなぁ)

その石には三つの平面で作られた角があることから、元々は直方体の一部だったと推測される。

散々悩んでいると、携帯が鳴った。

液晶には実家に住む姉からだと表示されている。

「あー、もしもし。俺だけど、何？」

「うん、今はそういうのいいから。俺さん、いい？　落ち着いて聞いて！」

いつもとは違う、姉の真剣な口調に、高岸さんは戸惑う。

「お父さんが倒れたの。大至急準備をして帰ってきなさい」

全く想像していなかった内容に、動揺しながら荷造りを始める。

大きなバッグを車に詰め込むと、勢いよく車を走らせた。

実家までの道のりの途上、悪い想像ばかりが頭を過ぎる。

「大丈夫、大丈夫、大丈夫だって……」

そう自分に言い聞かせながら、高岸さんはアクセルを踏み続けた。


いつもよりスピードを出していたので、三時間程で地元に帰ってきた。

真っすぐに父親が搬送された病院へ向かう。

「姉ちゃん、親父は？」

「まだ、手術中……。脳内出血みたい……」

それから一時間程でオペは終了した。

「一応、手術は成功しました。意識を取り戻した後に状態を確認して、今後どのように治療を進めるか判断します」

一命を取り留めたという医師からの説明に、家族は安堵した。

「ここにいても何もできないから、一旦帰ろうか」

母親の言葉に高岸姉弟は従う。


「疲れたでしょ？　ひと眠りしたほうがいいよ」

布団に寝転がると、高岸さんは深い眠りに就いた。


『――かず君、ちゃんと手を合わせるんだよ』

幼少期、今は亡き祖母と並んで墓参りをしている光景が見える。

「あー、ここも罅《ひび》が入ってきたねー。早いとこ直さないと、欠けちゃうわ」

祖母は墓石を撫でながら、そう呟いている。


(あっ‼)

飛び起きた高岸さんは、真っすぐ実家の墓地へ向かう。

そして墓石を前にして言葉をなくした。

棹石の右上部分が大きく欠けている。

芝台の上に落下していた石は、彼のアパートで見た物と瓜二つだった。

「墓石は業者にお願いして修理してもらいました。その後、親父の状態もどんどん良くなっていって、ある程度のリハビリをした後で職場にも復帰しています」

「――お墓と家族って繋がってるの。上の所が欠ければ中気が当たるし、この辺は肩になるね。だから大事にするんだよ」

この祖母の言葉を、高岸さんはしっかりと覚えていたようだ。

そして、彼がアパートに帰宅すると、当然のように落ちていた石はなくなっていた。

「お墓って不思議ですよねぇ。でもこれって、御先祖様の知らせなんですかねぇ」

祖母の教えを、自分の子供達にも伝えていこうと高岸さんは思っている。

母と子

岡村さんの家には古い花瓶があった。

それは彼の母が生前、毎日使用していた一輪挿しだ。

自宅の小さな庭から摘んだ花を飾ったり、近所の花屋さんから買った物で食卓テーブルに彩りを添えていた。

「生前は気にもしてなかったんです。母の趣味としか思っていなかったんで」

当たり前に思えていた物は、なくしてからその存在に気付く。

彼の両親は幼い頃に離婚していた。

母親は女手一つで立派に彼を育て上げ、漸く一息つけると思ったときに病気が見つかった。

本来なら入院生活が必要だったのだが、彼女は頑なに拒絶する。

愛する息子の為に食事を作り、掃除洗濯と身の回りを整える。

そんな生活が続いていたある日、岡村さんが帰宅すると母親は倒れていた。

すぐに病院へ搬送されるが、とうとう意識を取り戻さないまま天国へと旅立った。

「馬鹿ですよね。甘えていたんです。心配はしてたんですが、「大丈夫」というその言葉を信じていたんです」

母親の亡き後、まずは食事に困る。

料理というものをしたことがなかった彼は、悪戦苦闘するが不味い物しか作れない。

結局、コンビニやスーパーのお惣菜に頼ることが多くなった。

その日もレンジで温めた弁当を食卓で食べる。

ふと視界に入る空の一輪挿しが寂しさを増幅させた。

「美味しい？　そう良かった。一杯食べてね」

幼い頃からの母親の口癖のような言葉が呼び起こされ、涙が零れる。

母親は昼夜関係なく、働き続けた人だった。

それでも食事の時間だけは家にいた。

岡村さんが食べ終わると大急ぎで支度をして家を飛び出していく。

「直接聞いた訳じゃないんですが、このときに一輪挿しの理由が分かったような気がします」

恐らく母親は、生活の為とはいえ普段家にいられないことを申し訳なく思っていた。

せめて食事の時間だけは美味しいものを用意し、楽しい時間にしてあげたいとお花を添えていたのだ。

無意識の内に母親の亡き後も、一輪挿しを食卓に置き続けていたのは温もりを感じたかったからだ。

岡村さんはそのことに気付き、庭に出る。

名前は分からないが白い小さな花に目が留まる。

『あら、いいわねぇ』

そんな声が聞こえたような気がした。

一番綺麗に見えた白い花を手で摘み、家の中へ戻る。

キッチンで一輪挿しに水を注ぎ、白い花を挿す。

『ほら、華やかになった』

——生前の母親が目の前に立っていた。

病気で少し窶れてはいるが、浮かべる満面の笑みは母親の愛、そのものである。

「か、かあちゃん……」

言葉にはならない。嗚咽《おえつ》しか漏れないが、頭の中では謝罪を繰り返す。

『身体には気を付けて。いつも見守っているから……』

その瞬間、パーンッと音を立てて一輪挿しは割れた。

岡村さんの目には欠片が弾けたように映り、反射的に目を閉じてしまう。

「かあちゃん……」

目を開けたときには、母親の姿は消えていた。

飛び散ったはずの破片は元の場所で小さな山を作っている。

そして、中に入っていた水は何故か消え失せ、一滴たりとも零れてはいなかった。


「白い花もなくなってたんです。……でも、プレゼントになったのかな?」

そう照れたように笑う岡村さん。

今は自分で探した花瓶に花を挿し、食卓に飾っている。

苦手な料理も少しずつだが上達していると聞く。

「やっぱり元気な身体の資本は飯ですから」

因みに、割れた一輪挿しの欠片は、お守り袋に入れて常に持ち歩いているという。

母親の深い愛は今も生き続けている。

赤い雪

ある寒い冬の朝、出勤前の須藤さんは車の上に積もった雪をスノーブレードで払い除けていた。

「降り過ぎなんだって……」

一晩で三十センチ以上の積雪は、除雪作業だけでも結構な時間を費やす。

「まったく、もう……」

ぶつぶつ独り言を言いながら、力を込めてルーフ部分の雪を一気に落とそうとしていた。

(えっ？)

視界に入る白い雪が、一点から広がるようにみるみる赤く染まっていく。

その色はイチゴ味のかき氷に近い淡いものではあるが、須藤さんは何故か血を連想した。

(え？　雪の中に鳥の死体とか？　それを傷つけて血が出てきたってこと？)

恐る恐る、赤い雪を払い除けていく。

全ての雪をルーフから落とすが、特に遺骸のような物は見つからなかった。

出勤後、須藤さんは朝の出来事を同僚に話す。

「……ってことで、不思議なんだよ……」

皆が揃って寝惚けてたんだろうと馬鹿にする中、浅井さんだけは顔を強張らせる。

「同じものを今朝見たんだけど……。っていうか、やっぱり夢じゃなかったんだ」


翌朝、天気は快晴であった。

車に乗り込もうとした須藤さんは視界に違和感を覚える。

――ルーフに赤黒い手の形が一つだけ残されていた。

出勤後、浅井さんに確認をするが、そのような物は見つからなかったという。

夜空を見上げて

ある冬の日。

安藤さんは残業を終え、アパートまでの道のりをとぼとぼと歩いていた。

世の中の不景気を打開しようと、会社は新たな事業に取り組み始めた。

しかし人員は増えるはずもなく、ただただ個人の負担が増え続け、残業が三カ月以上も続いていた。

当然、残業代が出る訳もなく、転職しようにも御時世が許してはくれない。

「ふう……」

毎日、溜め息が止まらない。

彼はふと、夜空を見上げた。

その日は雪雲もなく、綺麗な星空が広がっていた。

(あ、あれはオリオン座だな)

子供の頃に覚えた、数少ない星座の内の一つ。

素直に綺麗だな、と思いながらも、昔、何かの本で読んだ言葉を思い出す。

『星空を見る余裕がないのは、人間の生活として間違っています。いつも夜空を見上げる心の余裕を持つようにしましょう』

クスリ、と笑いが漏れる反面、目から涙が零れた。

疲れ切っていた安藤さんは、そこで自らの精神状況に気付く。

「ダメだよな。こんな気持ちじゃ、いい仕事もできないし、人として終わってるわ」

その場に立ち止まり、オリオン座を眺め続ける。

(綺麗だよなぁ。毎日、五分でも見るようにするか……)

他にも知っている星座がないかと、視線を動かしていく。

すると、一際輝いている一つの星に目が留まった。

その周囲には視認できる星はない。

星座という訳ではなさそうだが、何故かその星に見とれていた。

――コォーーーーッ。

何処からか、微かに聞き取れる妙な音が聞こえ始めた。

通行車両が来たのかと周囲を確認するが、それらしいものは見当たらない。

もう一度、輝く星に目を向ける。

――コォオオォーーッ。

先ほどよりも音が大きく聞こえてくる。

前後左右ではない。頭上。

彼が見上げている夜空から聞こえているような気がした。

飛行機か何かだろうかと目を凝らしてみる。

夜空は月と星の光で多少の明るさを帯びているが、その中に小さな黒い円が浮かぶ。

――コォオオォォォォォォッ。

聞こえる音は次第に甲高さを増していき、黒い円は徐々に大きさを広げていた。

（えっ？　これ、何か落ちてきてる？）

そう思った瞬間、非常に高い機械音が周囲に響き渡り、彼は耳鳴りで周囲の音が認識できなくなった。

畳み掛けるように彼の顔面に突風が当たる。

反射的に目を閉じてしまい、少しの間を置いて両目を開くと、眼前には中年の男の顔があった。

生気はなく、虚ろな目が印象的であった。

呆気に取られて声も出せないでいる安藤さんに対し、男の黒目は焦点を合わせていく。

安藤さんを認識したと思われた瞬間、男は口元を歪める。

するとその表情のまま、天高く昇っていき、その姿を消した。
耳鳴りも五分程で収まっていき、静かな冬の道で安藤さんは立ち尽くしていた。
何かを見間違ったとか、夢を見ていたということではないと彼は言い切る。
彼は自宅に帰った後、シャワーを浴びようと風呂場へ向かった。
「痛っ」
安藤さんの右頬には一筋の細い傷があり、若干の血が滲んでいたという。

趣味

森本さんの趣味は貯金である。

とは言っても、毎月定額を続けるタイプではなく、部屋に置かれた大きめのガラス瓶に毎日財布から小銭を貯めるタイプだった。

「結構貯まってきたなぁ」

ずっしりとしたガラス瓶を揺すり、重さで満足感を味わう。

十円玉と一円玉が多いのは気になるが、塵も積もれば何とやらとガラス越しに小銭を見つめる。

「んっ？」

みっちりと詰まった小銭の中に、何か黒いものが見えた。

ガラス瓶には蓋などはしていなかったので、ゴミのようなものが入ったのだろうと右手で小銭を掻き分ける。

「あれ、おかしいなぁ？」

幾ら小銭を弄っても、黒いものが見当たらない。

一瞬、そのままにしようかとも思ったが、折角貯めた大事なお金にゴミがあることは許せない。

森本さんは思い切って瓶を逆さまにし、小銭を床にぶちまけた。

床に広がった小銭を掻き分けながらゴミを探すが、やはり何処にも見当たらない。

どうやら自分の気の所為だったらしい。小銭を元通りに瓶の中へジャラジャラ入れていく。

「あれ？」

最初の瓶の小銭は八分目くらいはあったはずだが、今確認すると六分目を切っている。

当然、床に小銭が落ちているはずもない。

「おかしいなぁ？」

またガラス瓶を揺すってみるが、小銭の量は変わることはなかった。

これまた自分の勘違いだったのだろうと、その日は特に気にすることもなく就寝した。

その夜中。

『パーンッ!!』と乾いた破裂音で森本さんは飛び起きた。

照明を点けると床にキラキラしたガラス片が散らばっている。

すぐに貯金箱代わりのガラス瓶が置かれた場所を確認すると、その場に残された小銭が小山を作っていた。

「何だよ、全く……」

状況は理解できないが、ガラス瓶が割れたことに間違いはない。

掃除機でガラス片を吸い込みながら、割れた原因となるものを周囲に探すが、該当しそうなものは何もなかった。

「こんな分厚いガラスがいきなり割れる？　いや、ガチャガチャ振っていたから、それで皹が入っていたとか？」

自分でそう結論付けたが、どうしても納得できないことがあった。

現場に残されていた小銭の量がどう考えても少ない。

ガラス瓶に入っていた元の量から推測すると、十分の一くらいの量しか見当たらない。

入念に掃除機を掛けたので、飛び散っている小銭があるとすれば気付くものだが、小山以外の小銭は遂に見つけられなかった。

彼は一瞬、泥棒を疑ったが、窓も玄関もしっかりと施錠されている。

「意味が分かんねぇ……」

それ以上はどうしようもなく、酷く落胆した気持ちで森本さんは寝直した。

翌朝、出勤しようと玄関のドアを開けた森本さんは足が止まる。

視界の先、通路の床に小銭が散らばっている。

(え？　昨日の小銭が外に？)

よく観察すると、自分の部屋の前だけに小銭がある訳ではない。

段々と先細りするように、右隣の部屋の前まで小銭の道は作られていた。

(やっぱり泥棒？　それも隣の部屋の奴が？)

隣人がどんな人なのかは分からない。

ここに越してきてから一年以上は経つが、一度もその姿を見たことはなかった。

瞬時に怒りの感情が湧き上がるが、証拠と呼べるものは何一つない。

ただ、この小銭は自分の物に間違いがないと拾い集める。

大量の小銭を自分の部屋に戻すと、入念に鍵の確認をして彼は出勤した。

それから一週間ほど経った頃だろうか、彼が帰宅するとアパートの前にパトカーが停まっていた。

現場で規制する警官に自宅だと説明すると、敷地内に入れてもらえた。

彼の隣の部屋はブルーシートで目張りされ、潜るようにして警官が出入りしていた。

「あのー、何かあったんですか？」

「いやぁー、まだ捜査中なので何も言えませんねぇ」

翌日、ローカルニュースで、隣室から男性老人の死体が発見されたことを知る。

事件か自殺なのかはまだ確定できていないようだった。

「死因が何だったのかとか事情とかは未だに分かっていません。調べれば新聞やニュースが見つかったんでしょうが、どうにもその気になれなくて……」

死体が発見された日、気になってしょうがない森本さんは隣室に対して聞き耳を立てていた。

ベランダの窓を開け、少しでも警官の声が聞こえるようにと息を殺していた。

「……小銭を……」

「……爺さん婆さんがよくやる……」

全ての会話が聞こえた訳ではないが、その言葉から一つの映像が連想された。

隣室の老人も小銭を貯めていたのだろう。

森本さんと同じ趣味を持っていたのかもしれない。

そして一つの疑問が浮かぶ。

――あの拾ったお金は本当に自分の物だったのだろうか？

自分の部屋からは明らかに小銭は消えていた。

ただ、隣人も同じ趣味を持っていたとしたら、死んだ老人の物だったのかもしれない。

そしてその流れで、小銭の道の様子が思い出された。

あれは隣室へ向かう先細りした物ではなく、自室へ続く勢いのある通路だったのではないか。

その勢いとはあまりよろしいものではなく、不吉な物を自分は拾い集めてしまったのではないだろうか。

そこまで思考が行き着くと、森本さんは大きく身体を震わせる。

反射的にベランダから小銭を投げ捨てようとも考えたが、警官がうろうろしているような場所で、不審な行動を取るのは危険すぎる。

森本さんは慌てて小銭を鞄に詰め込むと、部屋を出た。

通りに出るが、小銭をどう処理していいのかが分からない。

何処かに捨てたところで、誰かが拾ってくれないと不幸の最終責任者は自分のように思える。

とはいえ、コンビニなどで買い物をしたとしても、商品として物を受け取ることになるので、因果はやはり自分が背負うことになるように感じた。

息を切らせて周囲を走り続けると、ある場所で足が止まる。

彼の視線の先には大きな鳥居が捉えられていた。

本殿まで大急ぎで向かうと鞄の口を開けて、賽銭箱に小銭の全てを投げ入れた。

「お願いします！　助けてください、本当に助けてください！」

暫くの間、手を合わせて必死に祈り続ける。

——パーンッ!!

乾いた破裂音が彼の背後から響いた。

一瞬、身じろぐも、意を決して自宅へ向けて走り出す。

アパートの前まで辿り着くと、また自室の前に小銭が散らばっていた。

それを無視するように部屋に入る。

それから少しすると、インターホンがなる。

「あー、すみません。お金が落ちてますよ」

隣室を出入りしている警官の姿がモニターに映っていた。

「いや、うちじゃないです。別の部屋の人が落としたんじゃないですか？」

警官は訝《いぶか》しげな表情を浮かべたが、指摘された可能性を否定できないのか、そのまま引き下がってくれた。

翌朝、彼の出勤時には小銭は綺麗に消えていた。

恐らく、警官が回収してくれたのだと思われる。

「あの小銭が不幸の象徴だと何故か思ってしまったことを、未だに上手く説明ができません。ただ、その考えは間違っていなかったと自信を持って言えます」

森本さんが神社で聞いた破裂音は、ガラス瓶が割れたときのものと全く同じであったと言い切る。

現在、彼が感じ取った因果めいたものは、何処に向かっているのだろうか。

鳩の声

とある日曜日のこと。
松本さんは暇潰しがてら、リサイクルショップを訪れていた。
特に必要と思える物などはないが、食器や調理器具などを見て回っていた。
ふと隣の列の陳列棚が気に掛かる。
そこには時計類が置かれていた。
興味はないが何げなく見ていると、一つの壁掛け時計に目を奪われた。
時代を感じる重厚な造りで文字盤の上には小さな小窓がある。
どうやら鳩時計だと理解した。
妻に先立たれてからは一軒家での生活が酷く寂しい。
こんな物でもあったら、多少の癒しになるのかもしれないと購入して帰宅した。
家に帰ると、早速時間を合わせて壁面に設置した。
そのままの流れで新聞の番組欄を開き、何か観る番組がないかを探してみる。

ポッポー、ポッポー。

間もなく、予想通りの簡素な小鳩が午後二時を知らせてきた。

（もうそんな時間か……）

彼は昼食がまだだったことを思い出すと、キッチンへ向かいインスタントラーメンを作り始める。

（ん？　待てよ？）

記憶では帰宅したのは昼過ぎである。

それからすぐに鳩時計を設置して新聞を眺めていると、午後二時を知らせる時報が鳴った。

（そんなに時間が経ったっけ？）

現在の時刻を確認しようと鳩時計を見ると、午後一時十五分を示している。

松本さんの思考は停止した。

ジュワァーー!!

ラーメンが吹きこぼれた音に気付き、慌ててキッチンへと舞い戻る。

作り終えたラーメンを啜《すす》りながら、松本さんはちらちらと鳩時計を眺めていた。

現在の時刻は午後一時二十一分である。

携帯で確認しても、それは間違いがなかった。

（記憶違いか？　二回鳴ったように思ったが、実は一回だった。文字盤も見間違いで、午後二時と午後一時を見間違えた、と……）
そう自分を納得させると、洗い物を済ませる。

ポッポー、ポッポー。
また午後二時を知らせる小鳩が出てきた。
携帯で時刻を確認すると、時計に狂いは生じていない。
やはり自分の勘違いだったと安心し、テレビを点ける。

ポッポー、ポッポー。
鳩時計の音で松本さんは目を覚ました。
どうやらテレビを点けたままソファーで眠りに落ちていたらしい。
（今は何時になったんだ？）
鳩時計に目をやると、午後二時二分を示している。
松本さんは反射的に立ち上がった。
そんな訳がない。結構な時間、寝ていたはずだ。

慌てて携帯を取り出し液晶画面を見て愕然とする。

時刻に間違いはない。とはいえ、丸一日寝ていた訳でもない。

(寝ていたという記憶が間違っているのか?)

松本さんは自分の頭がおかしくなってしまったのかと酷く動揺した。

高齢ということと、この家ではたった一人で暮らしている。

もし認知症の症状があってそれを自覚できないのであれば、世間にどんな迷惑を掛けるのかが分からない。

今の内に施設にでも入ったほうが世の為、人の為となる。

落胆した松本さんはその場に崩れ落ちる。

ぐぅーーーーっ。

気持ちとは裏腹に、大きな腹の虫が鳴った。

これは完全に認知症の症状だと彼は認識する。

御飯を食べてからそれほど時間が経ってはいないのに、空腹感を覚えている。

「はははははは……」

松本さんはただただ力なく笑うことしかできなかった。

ポッポー、ポッポー。

彼の笑い声を遮るように、鳩時計が鳴った。

「はいはい、もう何時でもいいです」

ポッポー、ポッポー。

「はいはい、大丈夫です。大丈夫ですよ」

ポッポー、ポッポー。

「しつこいねぇ、分かったたって……」

ポッポー、ポッポー、ポッポー、ポッポー……。

鳩時計はしつこく鳴り続ける。

絶望感に囚われる松本さんをあざ笑うように、小鳩が首を下げる仕草は収まらなかった。

部屋中に鳩の鳴き声も響き渡る。

それはお前は気が触れていると言われ続けているようであった。

「もういいってー！」

怒りの感情が振り切れた松本さんは、食卓の椅子で鳩時計を殴りつけた。

「うるさい、うるさい、うるさい、うるさい……」

松本さんは力の限り鳩時計を叩き続ける。

ふと気が付くと、部屋中に聞こえていた音が止んでいた。

鳩時計の小窓の所にも鳩の姿は見えなくなっていた。

やがて、力尽きた松本さんはそのまま倒れてしまう。

その視界の先には小鳩の姿があった。

小鳩から煙のようなものがスーッと抜け出て霧散していく。

それを見届けるように、松本さんは意識を失った。


どれくらい気を失っていたのだろう。

目が覚めた松本さんは喉の渇きを覚えた。

よろよろとキッチンまで辿り着くと、腹の虫も大きく鳴った。

身体の疲労感が半端ではなく、冷蔵庫から適当に食料を貪ると、リビングのソファーに崩れ落ちて眠りに就いた。


次に目が覚めたとき、身体は大分楽になっていた。

壊れた鳩時計とその周辺に空いた壁の穴。そして床には傷ついた椅子が転がっていた。

全てが夢ではなかったことを物語っている。

「意味が分からないんですが、曜日は金曜日になっていました。日曜日の途中からの記憶が全くない状態です」

その後、壊れた鳩時計はゴミとして処分した。

ただ、小鳩だけは何処を探しても見つからないままであった。

現在、松本さんは元気に暮らしている。

そして件のリサイクルショップには、それ以降、近づくことはないという。

商業施設の駐車場

野木さんはとある商業施設内の飲食店に勤務している。

「あー、疲れた」

午前零時を回る頃、漸く店内の片付けを終え、駐車場に戻ってきた。

広い駐車場には野木さんの車だけが駐めてある。

車のエンジンを掛け、取り敢えず煙草に火を点ける。

何げなく前方を見ると、暗い駐車場内で何かが光った。

「……ヘッドライトとか？」

それは一瞬の出来事で、また視界は闇に覆われている。

最後に退出する人間が、駐車場の出入り口のチェーンを掛けることになっている為、そのままにしておく訳にはいかない。

「めんどくさいなぁ」

車を移動させ、合計三箇所のチェーンを順番に掛けていくことにした。

その間に車を見つけたら声掛けをし、退出してもらうつもりでいた。

最後の出入り口の所まで来たが、他の乗用車は発見できなかった。
もしかしたら、気付かない内に出ていったのかもしれない。
そう思った野木さんは自分の車を敷地内から出し、チェーンを掛ける。
「ん？」
駐車場内で、また何かが光った。
その正体を突き止めようと、暗闇に目を凝らす。
――パッ！
一瞬だけ、四角い形状が白く発光する。
野木さんは、レフ板や大きめの鏡が光を放っているように感じた。
(何かの光を反射した？)
自分の背後を振り返るが、光源のような物は見当たらない。
不思議に思い、また駐車場の方向を見る。
――パッ！　パッ！　パッ！
今度は何度も点滅する。
その光は姿を現す度、徐々に野木さんのほうへ近づいているように思えた。
(えっ？　何？　何？)

動揺する彼を追い詰めるように、四角い光は点滅しながら近づいてくる。

野木さんの前方、十メートルを切る辺りまで近づくと、その大きさがよく分かる。

横二メートル、縦一メートル程の大きさの光はそれだけで威圧感を放っていた。

(マジ、ヤバイって。ヤバいって！)

このままでは得体のしれない光と激突してしまう。

彼は反射的に横っ飛びをし、地面に転がった。

――ブォオオオォォォォ!!

その光が野木さんの横を通り過ぎるとき、猛烈にアクセルを噴かす音がした。

一瞬の間を置き、周囲は静まり返る。

恐る恐る周囲を見渡すと、四角い光はその姿を消していた。

そして、駐車場のチェーンが中央部分から切れて垂れ下がっていた。


「その後のほうが大変でした……」

暫くは呆けていた野木さんだったが、全てを夢だと自分に言い聞かせて帰ることにした。

そして、車に乗り込もうとした彼の足が急に止まる。

――愛車のリアガラスがなくなっていた。

粉々に割れた破片は全て車内に落ちている。

「車両保険を使うにしても、警察を呼ばなくちゃいけないし……」

警察の実況見分で、光のことを話したら自分の神経が疑われる。

そこに触れないように話すのは一苦労だった。

「んー、帰ろうとしたらガラスが割れていた、と。車内には何も落ちていないので、叩き割られたんでしょうね。でも、ここまで粉々に割るのは悪戯《いたずら》にしちゃあ……。巨大なハンマーとかでやらないと、無理ですよねぇ」

遠回しに怨恨の線を疑われているようだった。

「まあ、パトロールも強化しますよ」

漸く、解放されたときには午前二時を回っていた。

「それから二カ月くらい後にも、お客さんの車でリアガラスが割られる事件があったそうです」

野木さんはその車も、自分と同じことが起きていたのだろうと推察する。

「最後の音がどうしても忘れられなくて……。そんなものが存在するのかどうかは知りませんが、あれって自動車の霊じゃないんですか？」

もし、光に轢かれていたら、自分は死んでいたという思いが消えない。

現在も野木さんは同じお店で働き続けている。

あの光に遭遇しないよう、仕事終わりは猛スピードでチェーンを掛け、速やかに駐車場から退出するようにしているそうだ。

手紙

ある日のこと、加納さんの家に差出人不明の手紙が届いた。

宛名の所には加納孝之とフルネームで記されている。

何の手紙だろうと封を切るも、何も書かれていない便箋が三枚入っているだけであった。

(質の悪い悪戯だ)

そう思った加納さんは、全てをゴミ箱に投げ捨てた。


それから二週間が過ぎた頃、また手紙が届いていた。

今回もやはり差出人は不明である。

住所の欄には、彼のアパート名と部屋番号までもがしっかりと記入されている。

(確か前回は、住所の欄は無記入だったはず……)

それで誰かが悪戯で集合ポストへ投函したのだろうと判断していた。

封を切ると、何も書かれていない便箋が二枚入っていた。

(全く以て質の悪い)

封筒には切手もなければ、当然消印も見当たらない。

彼は少しばかりのいらつきを覚えながら、また全てをゴミ箱へ投げ捨てた。


更に一週間が過ぎた頃、ポストに便箋一枚だけが入っていた。

便箋の中央には大きな一文字で「あ」と書かれている。

投函主の異常とも思える行動に、少し薄気味悪さを覚える。

警察に相談するべきかとも考えたが、実害がないと言われてお終いのような気もする。

結局今回も便箋を投げ捨て、何もなかったことにした。


その日から、加納さんは周囲に神経を使うようになっていた。

怪文書の投函主は自分を観察しているのかもしれない。

外出中は常にキョロキョロと周りを見渡し、自分を見ている人がいないかと探すようになっていた。

自宅に帰ってからもそれは同じで、定期的にカーテンを開け、自室の窓を見張っている人がいないかと探る。

不審な人物は遂に見つからず、また手紙の類は届かないまま、半年が過ぎていた。

あのときだけの悪戯だったのだろう。

加納さんはそう思い、日常を取り戻していた。

「あ、これ、加納さん宛です」

受付の子から職場で封書を渡される。

彼の仕事上、郵便物が個人的に届くことは有り得ないが、宛名には彼の名前がしっかりと記されていた。

住所の欄には会社のものが記され、差出人のところは空白となっていた。

また切手や消印は見当たらない。

「え、これ、配達の人が届けたってこと？　切手がないのに届くかな？」

「あ、そうですねぇ。でも、他の郵便物と一緒にありましたよ。変な話ですねぇ」

彼女が嘘を吐いているようにはとても思えない。

そして、郵便物が届くと、すぐに受付の子が各部署に配っていることも知っている為、第三者が紛れ込ませるタイミングというのも考えられない。

どうしても嫌な記憶が蘇る。

デスクに戻り、一息入れてから封を切る。

——今回は便箋ではなく、一枚の写真が入っていた。

その背景は非常に暗く、夜間と思われる。

中央よりやや左側に加納さんの顔がアップで写っているが、虚ろな目つきが印象に残る。

(こんな写真、記憶にないぞ……)

そして右側のぽっかりと空いた空間には、うっすらとした白い靄《もや》が写り込んでいるようだ。

その靄がどうにも気に掛かり、色々と角度を変えてみるが、とうとう正体は分からないままであった。

(何だよ、どんな嫌がらせなんだよ)

わざわざ会社にまで封書を忍び込ませる神経。

そして身に覚えのない写真を加工して作り上げたのだとしたら、その執念に寒気がする。

「こんなもの……」

封筒と写真をデスクの後ろにあるシュレッダーに掛けて、加納さんは通常業務に戻った。

それから五分程した頃、周囲が騒然となる。

「か、加納さん!」

シュレッダーからぶすぶすと黒煙が上がっていた。

慌てて消化するも、シュレッダーの一部分は完全に焼け落ち、使い物にならなくなってしまった。

「老朽化っていうほど古くはないと思うんだが……」

上司は首を傾げるが、加納さんの内心は穏やかではない。

――これといった確証はない。

だが、彼の本能が、説明のできない何かを発動させてしまったと訴えてくる。

その日は沈んだ気持ちのまま帰宅することとなる。

恐る恐るポストを開けると一枚の便箋が入っていた。

中央部分には大きく「り」の文字が記されている。

（くそっ！）

感情のまま破り捨てようとしたが、一瞬の閃きで手が止まる。

この状況は普通ではない。

喩えるならそう、〈呪い〉という言葉が近いように思える。

それならば矛先である自分を他人に変えたら良いのではないだろうか。

加納さんは集合ポストをまじまじと見つめ、目的地を決めた。

「ごめん。でも、そうするしかない……」

手にした便箋をそっと集合ポストのひとつへ投函した。


部屋に入った加納さんは大きく息を吐き出す。

罪悪感がない訳ではないが、正直なところ解放感が優《まさ》っていた。

彼は気分の良いまま、出前の寿司を注文する。

五十分程でインターホンが鳴る。

「はいはい」

上機嫌で寿司を受け取ろうとするが、配達員は一枚の紙を持っていた。

「あ、これ、ドアの前に落ちていましたけど」

「知らない！　俺のじゃない！　だから関係ない！」

きちんと確認するまでもなく、その紙は便箋だと気付いた。

「でも……」

「いいから早く寿司を渡して仕事に戻りなさい！　うん、その紙も持っていきなさい！

落とし物なら警察に届けるべきだ！　そうだろ？」

加納さんは半ば強引に寿司を受け取ると、玄関のドアを勢いよく閉めた。

思わず、ふーっ、と大きな溜め息が零れる。

帰宅したときにはドアの前に便箋などは落ちていなかった。ということは、他人のポストに投函した姿を見ていた人がいる。そいつがまだ何かをしようとして、家のドアの前に置いたと考えるのが正しい。だがその何かは、寿司屋に持っていかせた。ということは回避できたということになる。ただ、見張っている奴が、寿司屋が紙を持って出てきた姿を見たら、更に手を打つしかない。ということは、現在、次の何かが仕掛けられていてもおかしくはない……。

彼の思考回路は、正解の出ない難問でぐちゃぐちゃになる。

「しゃーない、寿司でも食いながら考えるか」

リビングにどっかり腰を下ろすと、口へ寿司を放り込む。

先ほどの続きを考えようとするが、一番気になることが思い浮かんでしまう。

――あの便箋には何の文字が書かれていたのだろう？

便箋と気付いてからは、目を背けるようにしていた。

ただ、一瞬目に飛び込んだときには白紙だったようにも思える。

しかし、これまでの便箋の流れから考えると、一文字があったと考えるのが妥当である。

つまり白紙だと思ったのは裏面を見ていたからで、重大な文字を見落としてしまったように思えてきた。

(くそっ、もう訳が分からないって)

加納さんはすっかり食欲も消え失せ、そのままごろんと横になった。

目を閉じ、これまでの思考を一度整理しようと考えた。

——パシッ!!

何かが弾けたような音とともに、閉じた瞼越しでも分かる程の強い光を感じた。

加納さんは反射的に飛び起きる。

その後、視界に入ったのは、彼の周囲に散らばる新聞やチラシを切り抜いた文字だった。

所謂《いわゆる》、昔の脅迫文で使われていたものである。

「き」「と」「は」「ず」「め」

読み解く順番が正しいのかどうかは分からない。

偶々、彼が視界に捉えた順番はこうであった。

「やっぱ呪いじゃん。意味分かんない呪いじゃん」

目を閉じた一瞬で起きた現象である。

人為的なもののはずはなく、超常現象としか判断はできない。

（呪いってことは死ぬんだよね。誰が恨んでるんだろ。そんな酷いことしてたのかな）

加納さんの精神は半分崩壊していた。

もうどうでもいい。どうせ死ぬのなら何をしてもいいし……。そうだ、旅行へ行こう。

理性が機能していない彼は、意味不明な行動を取り出す。

加納さんは一心不乱に退職届を書き上げる。

これを朝一番で会社に叩きつけ、その足で旅行へ行くことを決めた。

彼はそわそわしながら、時計を見続ける。

（まだ四時かぁ……）

早く出勤時間になれと願っていると、スーッと意識が遠のいていく。

そして、次に彼が目覚めたときには病院のベッドの上だった。


「本当に死にかけていました」

後で知ったことだが、彼のアパートは火災で全焼していた。

出火元は不明で、消防隊員の救助が少しでも遅れていたら命はなかったものと思われる。

「全身の火傷もそうですが、気道熱傷が特に酷かったようで……」

ショック死をしていてもおかしくはない状況だったと聞く。

現在、加納さんの元へ、差出人不明の手紙が届くことはない。

ただ彼は、一連の出来事を未だに考えるときがあるという。

「当時は呪いだと思っていたんですが、本当にそうだったんでしょうか？　あの文字の真意を掴み、写真の意味を理解できたら回避できたような気もするんです」

彼の疑問が晴れる日は来るのだろうか。

入れ替わる

森田さんの家には、祖母が残した古い万華鏡がある。

幼少期からそれでよく遊び、退屈な時間をやり過ごしていた。

「一人っ子だったので、遊び相手がいなかったんです。だから、ずーっと覗き込んでいました」

キラキラと絵柄が変わることが何よりも楽しかった。

そして、森田さんに話し掛けてくれる声に耳を傾けていたという。

『今日の晩御飯はオムライスだって』

『今度の日曜日は水族館へ行くみたいだよ』

予言めいた未来の話に、森田さんのわくわくは止まらない。

次は何を話してくれるのかと楽しみにし続けた。

ある日のこと、いつものように万華鏡を覗き込んでいた森田さんへ届く声質が低い物に変わっていた。

『帰ってきたお父さんに怒られるね』

『御飯を残したことで、お母さんからも怒られる』

未来のことを伝えているのは変わらないが、楽しいことが一切感じられない。

「ねぇ、どうしたの？」

万華鏡に問い掛けるが、それについての回答はなかった。

そして帰宅した父親には、靴を揃えていなかったことで叱られ、夕食時には嫌いなピーマンを残していたことで母親にも叱られる。

「もう、嫌いになっちゃうよ。嫌なことばかり言うのなら、遊んであげないから」

万華鏡を眺めながら森田さんは呟く。

『そんなことを言わないで』

『自分が悪いのに他人の所為にするなよ』

二つの声がハモるように聞こえてきた。

いつも彼女に届く声は、万華鏡の中を覗き込んでいるときにだけ聞こえていた。

しかし今は外装を眺めている状態である。

壊れたルールは森田さんを動揺させる。

『……守ってあげ……』

『怒られたくないのなら、少しは頭を使え。馬鹿でも頭を使うことはできるんだから』

最初の優しい声は徐々に消えていく。その反面、きつい言葉は音量を増していった。

「その日からです。がらりと性格が変わって、しっかり者と言われるようになったのは」

おっとりとした性格だった森田さんが、大人の顔色を窺うようになり、色々と考えてから行動に移すようになっていった。

両親は男っぽい話し方をするようになった森田さんに最初は戸惑ったが、これも成長の一つだろうと受け入れるようになる。

「万華鏡はね、もう一人の自分とお話ができるの。だから婆ちゃん、大好きなのよ」

生前、祖母が話していた台詞。

森田さんはその意味が何となく分かるという。

そして彼女は今でも万華鏡を覗き込んでいる。

ただ、その内容を教えてはくれなかった。

フリマアプリ

ある日のこと、三十代の片岡さんはフリーマーケットアプリを開いていた。

特に欲しい物がある訳ではないのだが、ストレスがある程度溜まると買い物で発散する癖があった。

「おっ、これ懐かしいなぁ」

某有名なロボットのプラモデルに目を引かれる。

次々と検索していくと、着色までされた完成品画像のうちの一つで手が止まる。


「単純に格好良いと思ったんです」

数日後、片岡さんの元に梱包された荷物が届いた。

早速開封し、商品を確認する。

「そのときは、ゾクッとしたというか。何か説明できない凄みを感じたんですよね」

自分が格好良いと思えるポージングを取らせて、棚の上に飾った。

満足そうに眺めていると、急に興味が薄れてきた。

（あれ？　そうでもないか……）

その後は飾ったロボットのことなどすっかり忘れて、就寝する。

深夜、片岡さんは魘《うな》されて目を覚ました。

途轍もなく怖い夢を見ていたはずだが、その内容は一切思い出せない。

（何だろう。この感じは……）

身体の芯から冷えたような感覚だけがしっかりと残っていた。


それから二週間以上、毎夜、悪夢を見て目覚める。

しかしその内容は断片すら記憶になく、身体が怖かったと訴えていた。

「すっかり寝不足になってたんですよね。寝直そうとしても、怖くて眠れない状態が続いていたので」

睡眠不足の状態では仕事の効率も上がらない。

つまらないミスを繰り返しては、上司に叱責される回数が増えていった。

「こういうときって、自分でもどうしていいのか分からなくなるじゃないですか」

ネットで調べた安眠方法を色々と試すが効果はなく、悪夢の記録は日々更新されていく。

そして、通勤途中に追突事故を起こした。

「ふっ、と意識が途絶えたんです。衝撃に気付いて目を覚ますと、追突してました」

幸いなことに、相手側には大きな怪我もなく、示談の形で話は進められていく。

このことは社内でも知られることとなり、上司からは厭味まで言われる始末となる。

「毎日毎日眠そうに仕事して、居眠りで事故まで起こして、そんなに眠かったら暫く休んで寝てたらどうですかね？」

片岡さんはこの言葉にいらつき、強烈な殺意を覚える。

（うるせぇ、殺すぞボンクラが！）

自らの汚い感情に、反射的に我に返る。

彼は頭を冷やそうと、トイレに駆け込んだ。


その後は何とか仕事を終え、片岡さんは家路に就く。

食欲も湧かないので軽く食事を済ませる。

時間潰しにテレビを点けていると、いつの間にかそのまま眠りに就いていた。


ハッとして目が覚めると午前二時を回っていた。

この日も怖い夢を見たことは覚えているが、内容は覚えていない。

喉の渇きからキッチンへ向かおうとした彼の視線の先に、購入したロボットプラモが映る。

「え？　何で？」

——ロボットは直立の姿勢を取っていた。

「いやいやいや、これはこうして……」

自分が取らせたポーズに戻そうと弄っていると、そのプラモデルは瞬間的にバラバラになった。

パーツというレベルではなく、粉砕されたというほうが正しい。

（……こんなことって）

状況が飲み込めず、片岡さんは暫くの間茫然とした。

「それ以降、思い出せない悪夢は見なくなりました。繋がりがあるのかどうかさえ、正直、分からない状態です」

朝になっても、粉砕されたプラモデルはそのまま残っていた。

掻き集めてゴミ箱に捨てようとすると、小さな欠片の中から小動物の物と思える牙のような物を一つだけ見つけた。

「薄気味悪かったので、全部ビニール袋に入れて、そのままゴミステーションに捨ててきました」

その後、またフリーマーケットアプリを使用していて気付いたことがある。

購入済み商品の欄に、プラモデルを購入したときの履歴だけが残っていない。

アプリの不具合の可能性もあるが、それだけが消えているというのは腑に落ちないという。

「あと……上司に殺意を覚えたときの感情ですが……」

——ボンクラという言葉を片岡さんはこれまでに一度も使ったことがない。

どうしてその言葉が浮かんできたのかも、未だに分からないままである。

グラウンドのサッカーボール

大学生の矢口さんは飲み会の帰りに、小学校の前を通り掛かった。

ふとグラウンドへ目をやると、サッカーボールが転がっている。

中学高校とサッカー部で鳴らしていた彼は、無性にボールを蹴りたくなった。

お誂《あつら》え向きにサッカーゴールもあることから、自然と身体はフェンスをよじ登っていた。

グラウンドに降りた彼はサッカーボールをドリブルし始める。

多少の酔いはあるが、仮想の敵をイメージしながらフェイントを入れてゴールを目指す。

最後に勢いよく蹴り上げたボールは、ネットへ吸い込まれた。

「ゴールッ‼」

大声を上げて全身で喜びを表す。

「って、何やってんだ俺。いい歳こいて」

そうは言いながらも、サッカーボールを拾いにいく。

足首を器用に使い、跳ね上げたボールを腿、頭、肩とリフティングしていく。

「まだまだ鈍ってないなぁ、結構できるじゃん」

ポーンと上げたボールを額だけでリフティングする。
「……十五、十六、十七……」
『イテェッテ……』
そんな声が聞こえたような気がした。
ボールを抱えて辺りを見渡すが、人の姿は見当たらない。
気を取り直し、またリフティングをし始める。
『ダカラヨ、イテェッテイッテンダヨ』
間違いない。すぐ近くから声がした。
ボールを胸に抱え、怯えたように四方を窺う。
グラウンドには周囲の街灯の光が届くので、誰かがいるのなら気付かないはずはない。
矢口さんは息を飲み、耳を澄ませ続けた。
自然とボールを抱える腕にも力が入る。
『……オイ、コノクソヤロウ。イテェンダッテ……』
自分の感覚に間違いがなければ、声は下のほうから聞こえた。
硬直したままの矢口さんは思考を巡らす。
(この状況って、痛いって、つまりはそういうことな訳で……)

矢口さんはその場から飛び退くようにして、ボールを手放した。

ポン、ポンとバウンドしながら離れていくボールを、気持ちとは裏腹に目で追ってしまう。

（絶対そうだって。そうに違いないって……）

やがてボールは転がることをやめる。

矢口さんは目を凝らしボールを見つめるが、普通のサッカーボールにしか見えない。

角度の問題かと思い、円を描くように一定の距離を保ちながらじりじり移動する。

時間を掛けて何とかボールを中心に一周するが、何処から見てもサッカーボールにしか見えなかった。

（……となると、今、下になっているところに……）

彼の想像は一つの結論を導き出す。

『オイ、イテエッテ、キコエネエノカヨ……』

その声に反応するように、びくんと彼の身体は震える。

ゆっくりと声のするほう。視線を下に向ける。

彼の靴の下に、肌色の部分が窺えた。

「ひぃっ!!」

飛び退いた彼は尻餅をつく。

先ほどまで彼が立っていた場所。そこには丸い肌色が存在していた。
目、鼻、口と思われるものがその円にはある。
その存在は瞬きをしながら、口を動かした。
『ヒトノモノ、トッテンジャネェゾ……』
肌色の円は地面を滑るようにサッカーボールのほうへ移動していく。
自らの上にサッカーボールを乗せると、そのまま校舎の裏側へ消えていった。
「これ、酔っていたとかそういう話じゃないんで」
その肌色の円には特に感触がなかったという。
矢口さんは地面の上に立っている意識しかなく、存在に気付くのが遅れたらしい。

ブレーキランプ

ある日のこと、進藤さんは所要の為、ハンドルを握っていた。
信号が赤に変わり、前の車に倣い減速していく。
(んっ?)
前の車を見るとブレーキランプの片方が点灯していない。
(球切れか……)
間もなく車は発進し、五分くらい走行したところで信号に捕まる。
(あれ? 気の所為か?)
依然、ブレーキランプが点かない車が先行していた。
先ほど球切れを起こしていたのは、右側だったはず。
だが今は、左側が消灯し、右側はちゃんと点灯している。
また信号は変わり、二台の車は動き出す。
少し進むとT字交差点に差し掛かり、揃って停車した。
(えっ?)

前の車のブレーキランプが左右交互に点滅している。

そのスピードは徐々に速まり、赤色灯のラリーが何かしらのカウントダウンをしているようだった。

その光景に目を奪われていると、ぶわっと黒っぽいものが前の車の後部から飛び出し、進藤さんのフロントガラスを覆いつくす。

「多分、あれは顔だったんです。大きな目、鼻は分かったんで……」

その両目は厭らしい笑みを湛えているようだった。

――ドンッ!!

鈍く響く音が前方から聞こえると、フロントガラスの顔は薄れていった。

その視界の先では二台の車が事故を起こしている。

状況から察するに、前で停車していた車が、右側から走行してきた車の側面に突っ込んだらしい。

事故を起こした双方の車からは運転手が降りてきて、怒声が聞こえる。

「ふざけんなよ。何、飛び出してきてるんだよ！」

「すみません！　……見えな……」

進藤さんは逡巡した後、事故車両を躱《かわ》すようにして車を走らせた。

「世の中の交通事故って、ああいう理由があるんじゃないでしょうか」

恐らく、前方の車に非があった訳ではないと思う。

人智を超えた何かしらの力が働き、不幸な事故が起きてしまっただけだ。

彼は一瞬、警察が到着するまで待ち、事情聴取に付き合うことも考えたが、自然と身体はアクセルを踏み、車を走らせた。

関わらない。何もなかったことにするのが一番、と本能が言っていたという。

繁盛店の裏側

谷村さんはとある飲食店に勤務している。

調理担当の彼は毎日、朝から仕込み作業などで忙しく働いている。


ある日の朝、ネギを刻んでいると白いまな板の上にポトリと何かが落ちてきた。

視線を向けると、三センチ程の真っ黒い芋虫のようである。

ウネウネと蠢いている姿は気持ちの良いものではない。

頭上の何処から落ちてきたのだろうと顔を向けると、天井一杯に黒い物が蠢いていた。

「うぉっ！」

思わず声を出し、後退《あとずさ》る。

同僚が何事かと声を掛けてくるので、天井を指し示す。

「……だから何？」

先ほど見えた光景は消え失せ、普通の天井がそこにはあった。

「寝てんじゃねぇよ。今日も忙しいんだぞ」

返す言葉もなく、まな板の上を見る。

やはり先ほど見た芋虫の姿はなく、幻覚を見たのだと思った。


谷村さんは気を取り直し、次々と仕込みを進めていく。

キャベツの千切りをしているとき、コロコロッと目の前に何かが転がってきた。

それはまん丸い人型をしたもので、赤い全身タイツを着ているようだった。

アニメのキャラと言われれば、そうとしか思えない代物である。

(あー、俺、疲れてるなぁ……)

指で目頭を擦《さす》りながら、少し目を休ませる。

ふう、と一息入れて目を開けてみても、まん丸い赤い人はまだまな板の上にいた。

(あー、邪魔邪魔)

状況を信じていない谷村さんは、包丁で払い除けるようにしてあしらう。

『危ないだろうが！』

その瞬間、頭の中にドスの利いた声が響く。

(はいはい、危ないのは俺の頭ってねー。ってか、あいつの声っておっさんなんだー、俺の想像力って凄いねー)

丸い人のことなどは気にもせず、瞬く間に山のような千切りを作り上げた。

それを笊《ざる》に入れ終わると、同僚に声を掛ける。

「キャベツ終わったから、水で晒して」

「はいよ」

次は人参だな、とまな板の上に並べると、水場から悲鳴が聞こえた。

（はいはい、悲鳴まで聞こえるって相当ヤバイねー。次は何だろうねー）

能天気な感じに加え、何処か他人事に思考することで冷静さを保っていた谷村さんだが、同僚が必死に呼ぶ声に時間差で反応する。

「はいはい、何ですかねー」

思考がそのまま口に出ていた。

「何ですかねー、じゃねぇんだよ、馬鹿！　いいから、これ見てみろよ！」

目の前にあるキャベツが、水に晒されている。

そのキャベツの中から、赤い人が飛び出してきた。

溺れているのか泳いでいるのかは定かではないが、水面から消えては浮かんでの行為を繰り返している。

「あー、おデブの赤い人さんですねー。キャベツが好きなんですかねー」

「馬鹿！　何なんだよコイツ！　つーか、知ってんのかよ！　何とかしろよ！」

「そう言われてもねー、さっき見たばっかりですからねー」

能天気に言葉を返していると、谷村さんの頭がどんどん冴え渡ってきた。

「……え？　俺だけじゃないの？　お前も見えてんの？」

「馬鹿！　だから何とかしろって言ってんだろ！」

結局どうすることもできずに、その場から二人は逃げ出した。

その後、時間差で出勤してきた主任に後の処理は任せる。

「主任はここじゃよくある話だっていうんですよ。そんなことを気にしてたら飲食は務まらないっていうんですよ」

主任の話ではトカゲサイズの龍みたいなものが目の前を飛んでいたり、まな板の上に生首が乗っていたこともあるそうだ。

谷村さんはこの店で働き始めてから三年目で奇妙な物を目撃した。

同僚もほぼ同じくらいで遭遇したことになる。

「正直、店を辞めようかって考えていました。でも……」

『――流行ってる店には霊がいるっていうだろ。だから、何処の店に行っても、霊はいるの。この業界、職場には霊がいるもんなの。な、辞めたって意味ないの。分かるよな？』

主任の有無を言わせないような圧力に、谷村さんは退職を迷っている。

そして、このお店の人手不足の理由が漸く理解できたような気がしている。

カップ焼きそば

佐久間さんは過去に臨死体験をしている。

会社で突然の胸の痛みと苦しさを感じた後、意識が途絶えた。

気が付くと病院のベッドの上で、暫くの間入院生活をすることとなる。

「丁度、昼休みだったんですよね。外に食べに出る人が多いんで、見つけてもらえなかったらヤバかったと聞いてます」

意識を失った佐久間さんは真っ白い靄の中にいた。

その場所が何処なのかも分からず、空間の奥行きも掴めない為、途方に暮れていた。

「時間が経つに連れ、何となくですけど、死んだんだって思いました」

死を認識すると、足元に無数の花が現れる。

ピンク、白、黄色、赤、水色と見たことはないが、同一種で色違いの花の絨毯《じゅうたん》の上に佐久間さんは立っていた。

（あの世に花が咲いてるって話は本当だったんだ）

依然として足元以外は靄に包まれ、状況を確認することはできないままであった。
(確か、この流れで死んだ人が迎えに来たり、ダメだって追い返すんだよな)
佐久間さんの知り得る人で、該当しそうな人は祖父母しかいない。
ただその場に立ったまま、祖父母が現れるのを今か今かと待ち侘びた。
体感にして一時間程は経過したように思える。
身体に疲れなどは感じないが、変化のない状況に飽きてきた。
(あー、そういえばカップ焼きそば食いたいなぁ……)
佐久間さんが倒れる直前、昼食はカップ焼きそばにしようとお湯を入れていた。
(あの焼きそば、どうなったかなぁ……)
普段の佐久間さんは、食に対して意地汚いほうではない。
死んだことにより、もう食べられないという思いが、そんな考えに導いたのだろう。
すると突然、佐久間さんの手元にカップ焼きそばが現れた。
落とさないように慌てて空中でキャッチする。
(どういうことだよ、これ)
カップ焼きそばからは湯気が上がり、美味しそうなソースの色も食欲をそそる。
(あ、でも箸がないなぁ)

そう考えると割り箸までが現れた。

その状況に何の疑問も持たないまま、佐久間さんはカップ焼きそばを口に運ぶ。

「不味ぅ……」

見た目は市販の物と何ら変わりはないが、全く味はなく、もそもそとした食感だけが口一杯に広がる。

「こんなもの食えるかよ」

カップ焼きそばをその場に投げ捨て、彼は腰を下ろした。

(死んだのに誰も迎えにも来ないし、これからどうしたらいいんだよ)

眠気もなければ空腹感も覚えない。

とはいえ、どう行動するのが正しいのかも分からない。

佐久間さんは必死に頭を働かせる。

(あ、そうだよ。三途の川だよ)

川を渡れば、あの世に行くと聞いたことがある。

取り敢えずは、三途の川を探すことにした。

(多分こっちだな)

何の根拠もなく、彼は右手方向に歩き始める。

しかしどれだけ歩こうと、景色に変化は見られない。

「あー、この靄が悪いんだよ！　この所為で、何処に何があるのかさっぱり分からないんじゃないか！」

佐久間さんが怒りをぶちまけると、一瞬で靄は消え失せる。

周囲の風景は海岸に変わっていた。

（え？　海？）

砂浜があるべき場所には花が咲き乱れている。

波打ち際というべき場所は、穏やかな波が花を侵食していた。

（いや、海じゃなくて、川に行きたいんだけど……）

周囲を見渡しても、川と思えるような場所は見つからない。

途方に暮れた佐久間さんはその場にへたり込む。

これからどうしたらいいのだろう。

そんなことを考えていると、一つの違和感を覚えた。

一切、波の音はしないし、潮の匂いも感じない。

（これって、海のようだけど海じゃないんじゃないか？）

一つの答えを導き出した佐久間さんはざぶざぶと海に入っていく。

その途中、波の勢いで何度も体勢を崩すが、沖へと向かって歩み続けた。

間もなく、顔が浸水するところまで来たとき、大きな波が彼を飲み込んだ。

海流の勢いでくるくると回ったところまでは分かったが、その後は意識が途絶えた。


「いや、夢とかじゃないと思うんです。あれが三途の川だったということも考えましたが、海のバージョンもあるんじゃないかって。で、波に押し戻されて、戻ってきたんじゃないかって……」

その真相は不明のままとなっている。


因みに、現在の佐久間さんはカップ焼きそばが食べられない。

調理手順をしっかり守っても、何故かあのときと同じく、味のしないものしか作れない。

「まあ、惣菜の焼きそばは食べられるからいいんですけどね」

彼はあっちの世界で、何かしらの対価を取られたと考えている。

渦

渡辺さんは幼少の頃から渦というものに興味があった。

ＴＶで鳴門の渦潮を見たことが切っ掛けだったように記憶しているが、本当のところは分からないという。

とはいえ、日常生活で渦を視認できることはさほど多くはない。

日常的に彼女が行っていたことは、湯船に浸かった状態でお風呂の栓を抜く。

徐々にお湯が排水されていく中、排水口をじっと眺め続ける。

全てのお湯がなくなる直前、一瞬だけ小さな渦が生まれる。

（あー、最高！）

その日も、いつものように満足してバスタイムが終わる予定だった。

コポッ……。

お湯が完全に吸い込まれた直後、排水口から肌色の小さい物が飛び出し、一瞬で消えた。

（えっ……？）

彼女の思考は停止する。

間違いなく、何かを見た。
排水口を覗き見るが、黒い空間が存在するだけで、肌色の欠片も見当たらない。
（えっ、何、何？）
理解不能な状況は、彼女の思考を混乱させる。
見間違いということは考えられない。
渦を見逃さない為に、彼女は神経を集中させていた。
（虫……じゃないよね。あれはどう考えても……指……？）
記憶をすり合わせていくと、それは人の指のようにしか思えない。
それも小さくて細い。女性のどれかの指という結論に至る。
「いや、ないないない。そんな馬鹿な話ってある訳ないじゃん」
つい大声で否定の言葉を発した。
彼女は気を取り直して身体を洗い始める。
しかし、視界に入らない排水口が気になってしまう。
――もしかしたら、今、排水口から指が這い出てきているかもしれない。
反射的に浴槽の中を覗き見る。
大丈夫、何もない。

気持ちが悪いので、排水口へ栓をして、身体を洗い直す。

だが、恐怖心からか、また嫌な状況を想像してしまう。

――下からの力で、風呂の栓がポコンと外れる。

その細い黒い空間から、尺取り虫の動きのように一本の指が這い出てくる。

渡辺さんは浴槽内を見ようと、再び身体を乗り出した。

「ひぃやぁあああ!!」

裏返った奇声を上げた彼女はその場から飛び退き、浴室の壁に頭をぶつける。

そのまま必死に這うようにしてリビングまで辿り着いた。

「け、警察。警察……」

iPhoneを操作しようとするが、動揺のあまりロックが解除できない。

当然、緊急通報システムのことなど、すっかり頭から抜け落ちている。

「誰か、助けてー!!」

大声を出したことで、渡辺さんは少し冷静になれた。

自分の見たものは有り得ないものである、と。

彼女が視認したものは――浴槽内でこちらに背中を向けてダンゴ虫のように丸まる裸の姿。

肩幅から男性だと想像できる。

しかしその男が実際に浴室に侵入することは不可能である。

狭い浴室内で、身体を洗う彼女に気付かれずに扉を開けて、浴槽で蹲《うずくま》るということは現実的に無理があった。

（変に怖がっているから、ありもしないものを見たのよ。そういうことよ）

意を決して、浴室の扉を開ける。

視界に入る浴槽には風呂の蓋がされてあった。

先ほど飛び出したときに、蓋をした記憶などはない。

ただ、動揺していたので、もしかしたら無意識に蓋をした可能性も否めない。

ごくり、と生唾を飲み、勢いよく蓋を開ける。

浴槽内には裸の男の姿などなかった。

そして、何故か排水口の栓が外れていたという。


現在の渡辺さんはそのアパートを引き払い、別の場所で暮らしている。

浴槽で渦を見ることは完全にやめ、湯船からお湯を抜くタイミングは風呂から上がる直前になったそうだ。

隣の事故物件

菅野さんの住んでいるアパートの隣には一軒家がある。

先日、そこでは殺人事件が起きていた。

妻が就寝中の夫を滅多刺しにしたと聞いている。

所謂、痴情の縺れということらしいが、身近な場所での事件は心穏やかなものではいられない。

外に出る度に、何となくその家を眺める癖が身に付いていた。

ある日のこと、買い物に出掛けようとした菅野さんは、いつものように隣家を眺めていた。

静まり返ったその家は、寒々しい雰囲気を醸し出している。

(いずれ、何事もなかったように売りに出されるんだろうなぁ)

気を取り直し、スーパーを目指そうとすると、背後から視線のようなものを感じた。

振り返り、その家を確認すると、二階の一室から誰かがこちらを覗いている。

（親族？　不動産屋とか？）

ある種の好奇心で様子を窺ってみるが、一向に動く気配がない。

段々と、この探るような行為が失礼なことに思えてきた。

菅野さんは踵《きびす》を返すと、何もなかったようにスーパーへの道のりを歩き始めた。


帰宅したとき、また隣家の様子を窺ってみる。

既に窓から覗いている人の姿はなく、その家は静まり返っていた。


その日の夜、就寝しようとした菅野さんは室内に届く赤橙の明かりで飛び起きる。

勢いよくカーテンを開けると、隣家の前に二台のパトカーが停まっていた。

一軒家の周囲を走る警官と、見知らぬ誰かに事情を聞いている警官もいる。

不謹慎ながら、菅野さんはわくわくしながら耳を欹《そばだ》てた。

「周囲、異常なし」「……ガガッ、シンニュウケイセキナシ……ガガッ」

緊張感のある無線でのやり取りも、彼を興奮させていく。

事情聴取の声にも耳を傾ける。

「ええ、あの窓から、こうベタッと張り付くように男がいたんです」

「あそこの窓ですね」

ライトが窓を照らすが、人の姿は何処にも見当たらない。

一連のやり取りから察すると、近所の住民が人のいない一軒家で不審者を目撃した——ということで通報したらしい。

(まぁもう夜だし、何かの見間違いってオチだよな)

急に興味が削がれた菅野さんは布団に入る。

(警察も大変だよねぇ。通報があったら、動かない訳にはいかないもんねぇ)

気にせず寝ようとしていた菅野さんだったが、急に日中のことを思い出した。

(あれ？　昼間の人も同じ窓から見てたよね……)

通報した住民の「ベタッと張り付くように男がいた」という言葉も脳内に呼び起こされる。

(そうだよねぇ。そんな感じで見られてたんだよねぇ)

状況を整理すると、実際に不審者は家の中に潜んでいると考えられた。

「マジかよ！」

飛び起きた菅野さんは決定的な逮捕の瞬間を見逃すまいと、勢いよくカーテンを開ける。

「——うわっ!!」

彼の視界の先には、自室の窓に外から張り付く男の姿があった。
その顔は苦しそうに歪んでいる。
腰が抜けた彼は少しでも離れようと、這うようにして布団のほうへ移動する。
菅野さんが一瞬背を向けた間に、男は室内に倒れこんできた。
『うっ、ぐっ、うっ……』
男は何度か呻き声を上げた後、ピクリとも動かなくなった。
（……どうしよう）
部屋から逃げ出したくても、ドアの前には男が倒れている。
しかも、腰が抜けている状態なので、男を跨《また》いで逃げることも叶いそうにはない。
（霊なら消えるんだろ。このパターンは普通消えるだろ）
そう願い続けるが、男は倒れた姿勢を保ち続けている。
結局、朝までこの膠着《こうちゃく》状態は続いた。
日の光がカーテンの隙間から差し込むと、男の身体は霧散していった。
「多分、殺された夫だということは分かりましたよ。でも……」
その日を境に、午前零時を回る頃になると、室内に男は現れる。

毎回、倒れた状態で呻き声を上げた後、朝まで消えることはない。

「普通、寝室だけのことだと思うじゃないですか」

その時間になる前にリビングに逃げていても、菅野さんの目の前に男は現れる。

倒れるスペースがないトイレなら大丈夫だと考えたが、男は頭上から降ってくるかのように現れ、彼の身体と便座を擦り抜けてやはり倒れた姿勢を保った。

「これが〈取り憑かれる〉って奴なのかと思いましたよ」

現状を打開するべく、菅野さんは神社へ行き、お守りやお札を買い占めてくる。

お札は部屋の彼方此方に飾り、お守りは一纏めにして首から提げた。

(んっ?)

お守りのうちの一つの名前が、妙に気になる。

「身代わり守り……」

菅野さんはお守りの口を開き、自分の髪の毛を一本入れた。

それを手にすると、一軒家の新聞受けの中に放り込む。

……そして午前零時を待ち侘びた。

時間を過ぎても男は目の前に現れてこない。

自宅の窓から一軒家の様子を窺うと、窓に張り付く男の姿があった。

「今でもあの家には殺された夫がいます。また家に戻ってくる前に、現在、引っ越しを検討中です」

お守りの有効期限は通常一年と言われているので、それまでの間に関与できない場所まで逃げてやろうと考えているそうだ。

いつもの場所で

「街中で、偶に変な人を見掛けたりしますよね。そんな人だと思っていたんですが……」

今田さんは車を運転中に、変わった人をよく見掛けるという。

何処か遠くを見つめて動かない人や、買い物袋をブンブンと振り回している人など。

「家からそう遠くない場所なんです。通勤ルートでもあるんで、本当によく通るところなんですよね」

その場所には消火栓がある。

主要幹線道路ではないので、走行車の数も少なく、歩行者は周辺に住んでいる人達に限られているのだろう。

「お、今日もいるじゃん」

消火栓を跳び箱代わりにして、繰り返し、小学生が何度も飛び続けている。

(飽きないねぇ。ってか、遅刻じゃないのか?)

ほぼ毎日見掛ける光景なので、今田さんの中では微笑ましいものになっていた。

ある週末、車の助手席に彼女を乗せた今田さんは、この場所を通り掛かる。

「あ、ほらあそこにいつも小学生がいるんだよ。ってか、今日もいるのか」

「え？　何の話？」

「消火栓で跳び箱してるんだ。ほら、今日も飛んでる」

車は消火栓の横を通り過ぎる。

「……小学生って？」

「いやだから跳び箱の真似してる子。いたじゃん」

「……いないよ。そんな子……」

「いやいやいやいや、いるって」

今田さんはその小学生に感情移入していたこともあって、ついムキになってしまう。

その態度に苛立ったのか、彼女も口調が荒くなっていく。

結局、その流れから、普段のどうでもいいような不満の話へ内容は変わり、本気の喧嘩になってしまった。

「もういい。ここで降ろして」

「ああ、勝手にすればいい」

彼女を車から降ろした後、自宅へ向けて方向転換する。
(ったく、そういうとこがあんだよな)
今田さん的には小学生に対しての微笑ましい感情を共感したかっただけである。
それをちゃんと見もしないで、否定から始まり、不満をぶつけてきた。
怒りの感情が高まる一方、冷静さも取り戻してくる。
(あいつ、あそこからどうやって帰るんだろう)
降ろした場所の近くには公共交通機関はない。
タクシーという手もあるが、捕まえられずに途方に暮れているのではないだろうか。
「ああ、くそっ」
また彼女を降ろした付近まで逆戻りを始める。

(いねぇなぁ、何処まで行ったんだ?)
徐行しては停車を繰り返し、彼女の姿を探し続ける。
経過時間から考えても、付近にいるはずである。
(あれっ?)
今田さんの視線の先には、例の小学生の姿があった。

何もない空間に手を突いて、エアー跳び箱を跳んでいる。

「ちょっと。何、戻ってきたの？」

その声に振り返ると、彼女が立っていた。

「ああ、うん、まぁ」

「そうだよね、本当に降ろすって酷い話だもんね」

口調は変わらずにきついが、表情は嬉しさを隠しきれていない。

「しょうがない。許してあげるから、車に乗せてよ」

また二人でドライブを始めるが、一度生じたぎこちなさは、なかなか解消されない。

黙っているのも気まずいので何かを話そうとするが、空回りの会話しかできずに話が続かない。

「あー、えと、そうだ。最近、何か面白いドラマとかあった？」

適当なことを口走りながら、何げなくバックミラーを覗き込んだ。

「そうだねぇ、最近では……」

――バックミラーの中には例の小学生が映っていた。

後部座席に姿勢正しくちょこんと座っている。

「ねぇ、聞いてるの？」

「あ、ああ。うんそうだね。そう思うよ」

「もう、全然聞いてないじゃん。いいよ、もう。今日はやっぱり帰る。送って」

彼女を家まで送り届け、今田さんも自宅へと帰った。


「このときから、ずーっといるんです」

今田さんの後部座席には、小学生が座り続けている。

その後も彼女を何度も乗せてはいるが、小学生に気付くことはない。

「変なのはバックミラーなんですよね」

最初に小学生を確認したときも、角度が小学生に合うようにずれていた。

そして、運転中に小学生を見たくはないので映り込まないように調整するが、勝手に照準を合わされてしまう。

「一番気になっていることなんですが……」

その小学生の顔は黒い靄で覆われ、表情を確認することができない。

消火栓で遊んでいた頃の記憶を辿ってみるが、その子の顔は一切思い出すことができないままとなっている。

「変ですよね。顔にそんな物が付いているんなら、この世のものじゃないってすぐに気付くはずじゃないですか。そんな対象を微笑ましいとか意味が分かんないです」

今田さんが小学生から解放される日は、いつになるのかは不明だ。

ただこれ以上事態が悪化しないように、街中で変わった人を見掛けても、やり過ごすよう心掛けているという。

公園と子供

梶浦さんは健康食品会社の営業職をしている。

新規開拓と会社訪問を続けるが、大きな成果を上げられないまま月日は流れていた。

(もうダメだよな……)

時計を確認すると、十六時を回っていた。

そのまま会社に戻る気にもなれず、近くの公園のベンチに座り込む。

「はぁ……」

大きな溜め息が漏れ、何をやっているんだろうと自問自答をする。

ふと視線を上げると、五歳児くらいの男の子が棒を片手に地面へ何かを描き続けていた。

(楽しくていいよなぁ。何も考えなくていいんだからなぁ)

そんなことを考えていると疑問が浮かぶ。

男の子の近くに母親と思しき存在がいない。

(もうすぐ日が落ちるぞ。大丈夫なのか?)

その子のことが気になり、なかなかベンチから立ち上がることができない梶浦さんは、警察に通報するべきかどうかを悩み続けていた。

「キャハハハハ……」

男の子が急に笑い出した。

そのタイミングで公園に設置されている街灯も点る。

暗かった周囲を薄明かりが照らすと、男の子の足元で何かが揺らめいているように思えた。

梶浦さんは興味を惹かれ、男の子の元へ近づく。

「ぼく、何を描いてるのかな？」

梶浦さんの視線の先には地面から上半身だけを覗かせた人間が蠢いていた。

人骨の上に肉片が少しだけ付いていて、髪の毛などは見当たらない。

眼球がある場所にはぽっかりとした闇が存在し、生者ではないと理解できた。

「え、あ、え……」

言葉を失う梶浦さんを男の子が見上げる。

――その子の顔は闇に覆われ、表情というものを読み取ることはできない。

声にならない悲鳴を上げながら、梶浦さんはその場から逃げ出した。

「後で考えたんですが、あの子が描いていた物って、何か沢山の図形の集合体だったような気がするんです」

それが何を意味するのかは分からないままである。

梶浦さんはその後も、偶にこの公園の前を通り過ぎる。

「キャハハハハ……」

無垢な子供の笑い声が聞こえてくるときがあるが、絶対にそちらを見ようとはしない。

——生者と死者の区別を付ける自信がない。

この公園はそんな場所だと思っているという。

神隠しの正体

還暦間近の木村さんは北海道の小さな田舎町に住んでいる。

「よく、ワイドショーとか見てたら、殺人鬼とか現代社会の闇とか言ってるけど、ああいうのって何処でもあるんだよね。そう、昔から……」

彼の町は道道周辺に大概の民家が集まり、その奥に田畑が広がる。

住民は農業で生計を立てている者が多く、本当に長閑な町である。

「私が小学校に入ってすぐの頃だったなぁ……」

外で遊んでいた木村さんは日が暮れても帰ろうとはしなかった。

遅くなっていることは自覚していたので、帰宅してから母親に怒られるのが嫌で仕方がなかったのだ。

ぽつぽつと点る街灯の下を移動しては、何をするでもなく時間が過ぎていく。

どうしようかと考えていると、背後からふわっと抱き上げられた。

「ごめんなさい、ごめんなさい」

母親だと思った彼は、そのまま謝り続ける。

しかし、何の反応もないまま、移動を始めた。

「家に帰ってから、説教が始まるのだと思ってたんですが……」

抱き抱えられたままの木村さんの視界は、どんどん町から外れていく。

「お母さん、何処行くの？」

振り返り確認しようとするが、真っ暗な闇に包まれ、姿は見えない。

彼を抱き上げている両腕も、母親の足元も、一切が見えないままであった。

宙に浮いたような状態で、彼の視界だけが変化していく。

田畑の周辺まで来ると街灯の明かりは届かず、月明かりが周囲を微かに浮かび上がらせていた。

「ねぇ、お母さん？」

幾ら木村さんが呼び掛けようと、一言も返事をしてくれない。

完全に怒らせてしまったと思い、どう取り繕うかを子供心に必死で考えていた。

田畑を過ぎ、山のほうへぐんぐん進む。

すると、半分潰れかけたような家が出てきた。

引き戸を開け、家の中に入っていく。

月明かりの届かない家の中は完全な闇になるはずだが、周囲は青白く浮かび上がる。家自体が発光しているようだった。

廊下から続く和室を開けると、一部床板が剥き出しになっている。

その床板が剥がされ、木村さんは下に放り込まれた。

「お母さん！　お母さん！」

必死に呼び掛けるが、無反応のまま、蓋をされた。

「開けて！　出してよ！」

どれだけ叫ぼうが、板を叩こうが無音のままとなる。

床下は真っ暗な闇で、木村さんは泣いていた。


「どれくらい抵抗してたんですかねぇ」

何とか外に出ようとしていた木村さんは、全身の力を振り絞り、板を外そうとした。

——バキッ！

乾いた音とともに、青白い光が床下に差し込む。

「お母さん？」

周囲には誰もいる気配がなく、木村さんは泣きながら家路に就いた。

「家に辿り着く前に、近所の人に発見されました」

両親と近所の人が手分けして捜索をしていたようだ。

「馬鹿！　何処にいたのよ！」

「えっ？　お母さんが、知らない家に連れていって、そこで……」

「何言ってるのよ！　みんな心配してたんだから！」

木村さんの話は母親には届かない。

大人達は遊んでいる内に迷子になったんだろうということで納得したようだった。

「子供なりに訴えたんです。ですが何も聞いてはもらえず、暫くは外で遊ぶことを禁止されました」

学校から帰っても、自室で本を読んだりして過ごすだけ。

退屈なのは当然だが、連れていかれたあの家のことが気になって仕方がなかった。

三カ月程過ぎて、漸く外で遊ぶことが許された。

遠くへ行かないこと。できるだけ、学校のグラウンドで遊ぶことがルールとして課される。

そんなルールなど幼い木村さんには通用する訳もなく、気になっていた家を目指して歩き始めた。

(この辺を過ぎて……おっきい田圃を過ぎて……)

記憶を頼りに歩き続けると、例の家の前に辿り着いた。

家の周囲は雑草というには伸び放題の草で囲まれていた。

(あのときもこんなに伸びてたっけ?)

記憶は曖昧だが、草を掻き分けるように玄関に辿り着いた。

どう見ても既に人の住んでいない一軒家である。

恐る恐る引き戸へ手を掛けると、カラカラと開いた。

「お、お邪魔しまーす」

いるはずのない住人に声を掛け、中に入ろうとする。

一瞬靴を脱ごうとしたが、廊下に積もった埃やゴミなどを見る限り、その必要はないように思えた。

木村さんは前回と同じ方向に進んでいく。

一部穴の開いた襖を開けると、床板が見える和室に到着した。

床板には壊れたところがあり、ここから脱出したのだろうと想像できた。

（やっぱりここにいたんだ……。でも、どうして？）

このときまで木村さんは、怒った母親の仕業だと思い込んでいた。

ただよく考えてみると、母親の顔は一切見られなかった。

声も聞いてはいない。

それに軽々と木村さんを抱き抱えたまま、この距離を歩くのは無理があるように思えた。

——薄気味悪さを感じて、ぶるっと身体が震える。

他の部屋も気にはなったが、早くこの家から出たほうが良いような気がして、玄関に向かって走り出す。

その木村さんを、誰かがまた背後から抱き抱える。

もがいて抵抗しようとするが、圧倒的な力の前に為す術もなかった。

「今でもはっきりと覚えていますよ。持ち上げられた状態なんですが、そいつは無色透明なんです。私独りが宙に浮いて、バタバタしている状態だったんです」

木村さんは再び和室の床下に放り込まれる。

今回は壊れた床板のおかげで、多少の光が差し込んでくる。

その隙間から、正体不明の者の気配を感じ取るように、木村さんは息を殺してタイミングを待ち続けた。

一時間も経った頃だろうか。

今しかないと木村さんは和室に飛び出す。

一目散に外へ転げ出て、自宅へ向かって走り続けた。

家の前まで辿り着いたときには、日はすっかり落ちていた。

玄関を開けると、鬼の形相の母親が待ち構えていた。

「まあ、滅茶苦茶怒られましたね。何も反省してないって」

父親が木村さんをかばうように口を出してくれたが、母親の怒りは収まらない。

また暫くの間、外で遊ぶことを禁止された。

「子供心にも、起きたことは話してはいけないと思いました。でもあの家のことは気になりますから……」

一カ月くらいはそのタイミングを見計らっていた。

ある日の夕食、例の家のことをそれとなく話してみる。

「あったか……そんな家？」

「あの辺には誰も住んでいないと思うけど……。あんたまさか、あんなとこまで遊びに行ってたの？」

木村さんは友達が言ってた話だとして否定をする。

「絶対ダメよ。山も近いんだから、熊だって出るだろうし……。あっ、もしかして！」

母親はぼそぼそと父親に何かを話している。

「そうだ！　あの辺に住んでたんだ！　だから、みんなこっちに来たんじゃないか」

木村さんはその内容を知りたく両親を問い質すが、何も教えてはくれない。

「昔のこと。大昔のこと」

それだけ伝えると、話を終える。

あの家に興味を持つことは禁止だと言い渡され、その友達とも絶対に行ったりしないことを厳しく約束させられた。


「それ以上はどうしようもないですからねぇ。怖い思いもしているし、近づくこともないまま高校生になっていました」

木村さんは例の家のことはすっかり忘れていた。

高校二年の夏休み、クラスの有志でキャンプに出掛ける。

夜になり、焚き火に当たりながらどうでもいい話で盛り上がっていると、誰からともなく怪談話が始まった。

何処かで聞いたような話から、友人が体験した金縛りの話まで耳にする。

「お前は何かないの？」

一瞬、例の家のことが思い出されたが、木村さんは躊躇《ためら》う。

嘘だと思われたり、頭がおかしいと言われかねない。

「うーん、そうだねぇ……。じゃあ、小学一年のときなんだけど……」

その場の勢いで話してしまおうと話し始めたとき、彼を背後から抱きしめる腕の感覚が伝わる。

驚き、自らの胸を確認するが、腕のような物は見当たらない。

ただ、力強い感覚だけが続いていた。

「で？　小学校のとき、どうしたの？」

「あ、いや……。やっぱ、何もなかったわ」

「何だよもう」

その場は笑いに包まれたが、木村さんは穏やかではいられない。

話すことを辞めたことで、抱きしめられる感覚はなくなったが、嫌な記憶が完全に蘇った。

結局、その後のキャンプを楽しめないまま、帰宅した。

「で、家に帰ってから、両親に聞きました。多分、もう大人になっていると思ってくれたんでしょうね。あの家のことが分かりました」

木村さんが生まれる十数年前、あの家で三十代の男が暮らしていた。

その両親は既に他界しており、独り暮らしだったという。

細々と農業を営む以外、周囲とは関わり合いを持つこともなく、田舎町では浮いた存在だった。

そんな中、小学校に上がる前の女の子が行方不明になった。

住民が総出で探すも見つからず、神隠しにあったと噂される。

更にひと月ほど過ぎた頃、小学一年生の男の子も行方をくらます。

こちらも懸命な捜索にも拘らず、とうとう見つからないままであった。

地元住民は神隠しを信じ、何処かピリ付いた空気が田舎町に流れていたという。

それから三カ月が経とうとする頃、小学二年生の女の子が消息を絶った。

偶々、農作業をしていた男性が軽トラの助手席に乗っている女の子を目撃していたことで、この家の男が浮かび上がる。

「最後の女の子は無事だった。でも、精神的におかしくなっちゃったみたいでね」

あの家の和室の床下で女の子は発見される。

その床下からは、先の子供二人の遺体も発見された。

「女の子の家族は引っ越していったみたいです。まあ、その気持ちは分かります」

例の家の周辺住民も、事件の記憶を忌み嫌って道道付近へ引っ越していく。

「そうそう、その男は住民に踏み込まれたときに、包丁持って暴れたらしいです。で、観念したのか、その包丁で自分を刺したそうで……」

長閑な田舎町には相応《ふさわ》しくない事件があの家では起きていた。

「昔から、こういう事件は身近でもあったんですよね。今とは違って、みんな沈黙を守った。だからその内、忘れ去られて、最初からなかったことにされる……」

その男の犯行動機は悪戯目的だったと噂されるが、小さな田舎町では誰もが嫌悪感を抱き、話さないようになる。

そして男が死んでしまっている為、真相は闇の中だ。

「でも、死んでも、その変態性は変わらないってことだったんでしょうね。今もあそこを根城にして、この町を彷徨《さまよ》っているのかもしれません」

木村さんが二十歳を迎えた後、背後から抱きしめられることはなくなった。

恐らく、霊にとって対象外となったのだろう。

現在、例の家は老朽化が進み、ほぼ朽ち果てた状態となっている。

地元住民は誰も近づかないし、その存在と事件を知るものは少ないという。

温泉

中村さんの地元には、町が運営する温泉がある。
週末になると近隣の町からも人が訪れ、結構な賑わいを見せている。
ある冬の日、仕事が休みだった中村さんは朝から温泉に来ていた。
前日の大雪の所為か、駐車場に駐められている車は非常に少ない。
浴場に入ると、先客が三人しかいない。
(ラッキー、ほぼ貸し切りじゃん)
薬湯や露天風呂、大浴場などを転々としながら、日頃の疲れを癒していた。
(サウナにも入っておくか……)
高温サウナには誰もおらず、完全貸し切りで汗を流す。
十分程堪能していると、軽い眩暈《めまい》を覚えた。
(あ、ヤバいヤバい)
そそくさと退出し、火照った身体を水風呂で一気に冷やす。

（もう一度、身体を温めたら一回上がるか……）

大浴場の湯船に浸かり、そっと目を閉じる。


――カーッ、カーーッ。


何かが擦れるような音に反応し、中村さんは目を開けた。

（あれ？　誰もいないじゃん）

他のお客さんが出ていった音だと思い、また中村さんは目を閉じる。

――カーッ、カーーッ、カーーーーッ……。

今度は延々と音が鳴り続けている。

扉を開け閉めする音にしては変だ。そう思って、目を開けて確認する。

出入り口の扉は閉まっているし、浴場には誰もいない。

しかし、音はまだ続いている。

その正体を突き止めようと、彼は湯船の中で立ち上がる。

――目の前の床を洗面器が滑っていた。

一瞬、湯船から溢れたお湯が洗面器を移動させているかと思ったが、実際はそうでもないらしい。

洗面器の移動方向に規則性はなく、縦横無尽に移動し続けていた。
中村さんが唖然としていると、目の前のお湯が大きな飛沫を上げる。
まるで誰かがお湯に飛び込んできたように錯覚し、たじろいでしまった。
その後、浴場の中は静まり返る。
先ほどまで移動していた洗面器も、動きを止めていた。
状況が掴めないまま、中村さんは湯船に浸かり直した。
(錯覚、幻覚、夢……？　あ、逆上《のぼ》せていて、変なものを見たってことだな)
それならそろそろ上がったほうがいいな、と思った瞬間——。
目の前のお湯から、顔の半分が覗いていた。
その幼い表情から子供だと分かるが、少年の目は真っすぐに中村さんを見据えていた。
少しの間、お互いに見つめ合っていた。
するとブクブクと泡を吐き出しながら、少年の顔はお湯の中に消えていった。
「ひぃーーーーっ‼」
悲鳴を上げ、中村さんは浴場から飛び出そうとする。
「おい、危ないだろ！」
丁度、そのタイミングで入ってきた小父さんとぶつかりそうになり叱られた。

「いや、あの……。子供が、お化けが……」

訝しんだ表情の小父さんは、説明になっていない中村さんの話をそれなりに聞いていたようだ。

「……ああ、そういうことか。兄ちゃん、ちょっと来い」

「いやだから、そっちはお化けが、子供が……」

小父さんは、抵抗する中村さんを、有無を言わせぬ力で湯船のほうに引っ張っていった。

「いいから風呂に入れ。ちゃんと説明してやるから」

小父さんの迫力に負けた中村さんは、渋々肩を並べて入浴する。

……十数年前、ある親子が温泉に来ていた。

父親はサウナに入り、子供は大浴場で走り回ったりお湯に浸かっていたという。

「偶々だよな……」

滅多に人が途切れることのない温泉だが、その子供以外に誰もいなくなっていた。

そして、サウナから出てきた父親が発見したのは、湯船に浮かぶ我が子の姿だった。

「まあ、不幸な事故なんだよ。だから怖がってやるな、可哀そうだろ」

淡々と話す小父さんに対し、パニックを起こした自分が恥ずかしくなる。

「え、でも、やっぱりお化けってことなんですか？」

「まあ、そうなんだろ。俺も一回見たことがあるし、俺の知り合いで三回見たっていう奴もいるしな。特に害はないから、そっとしておいてやれ」

「じゃあ、成仏できてないってことなんですよね？」

「正しい成仏ってのが何かは分からんが、いたいならいさせたらいいだろ。子供なんだし……」

小父さんの達観した考えに、中村さんは納得する。

この温泉では、人が途切れたときに少年を目撃したという話をそれなりに聞く。

まだ死を受け入れていないのか、当時の状況を追体験させたいのかは不明だが、事情を知っている人々は、何でもないこととして好きにさせているらしい。

鄙《ひな》びた温泉宿

ある年の冬、山下さんは鄙びた温泉宿を訪れた。

チェックインをしてみると、どうやら他の宿泊客は少ないようで、温泉が広く使えるらしい。

これに気を良くした彼は、食事と睡眠の時間以外はゆっくり湯に浸かろうと決めた。

その日の夜、食事を済ませた彼は露天風呂にいた。

外気との温度差から、視界は湯煙に包まれている。

「あーーっ」

少し熱めのお湯に浸かると自然と声が漏れた。

小さめの露天風呂には他の宿泊客がいないらしく、貸し切り状態である。

全身の力を抜き、大の字になってお湯に浮かぶ。

(贅沢、贅沢。こういう温泉宿の醍醐味はこれだよなぁ)

白い湯気に包まれた先には、月明かりが夜空を照らしていた。

パチャン……。

足先のほうで水音がした。

それに伴い、お湯も僅かに揺れる。

誰かが入ってきたと思った山下さんは体勢を整え、何もなかったように湯に浸かり直す。

（あ、ヤバイ……）

視界の湯気は一層白さを増し、相手の姿は分からない。

それから十分程も経っただろうか。

少し逆上せてきた彼はお湯から上がる。

すぐ横の丁度いい岩に腰を下ろし、外気で身体を冷やしていた。

そのとき、強めの風が吹きつけ、湯気は散って視界が大きく開かれる。

視線の先には、全裸の若い女性が露天風呂の中に立っていた。

（え？　あ、あれ？）

山下さんは混乱状態に陥る。

何の声も発せず、こちらを見据えていた女性の姿は、また湯煙の中に消えていった。

（男湯、女湯を間違えた？　いや、それはないって。じゃあ、あの人が間違えた？　いや、その前に、ここにいたら拙いよな）

彼は気付かれないようにと、静かにその場から立ち去る。

大浴場のほうまで移動すると、彼は腰を抜かしそうになった。

湯気の中に立つ女性がいる。

間違いなく、先ほど見た女性であった。

露天風呂と大浴場の位置関係から、彼に気付かれずに追い抜くことは不可能である。

混乱した山下さんはその場から逃げ出そうとするが、もう一つの考えが頭の中で大きくなっていく。

その気持ちが大きくなっていくのと引き替えに、何故か身体は硬直していく。

女性はそれを見透かしたように静かに歩み寄ってくる。

（綺麗だ……）

顔と顔が触れる直前、彼の感情は一つの答えを出した。

――好きだ。

一瞬だけ、抱きしめられた感覚がしたが、すぐに掻き消える。

ハッと我に返ると女性の姿は何処にもなく、ただ立ち尽くす彼の姿だけがそこにはあった。

「夢でも見たんだろうと思っていたんですよね」

それからひと月が過ぎた頃、友人に誘われた飲み会で山下さんは一人の女性に目を奪われる。

温泉で出会ったあの女性と瓜二つであった。

二次会で会話をし、意気投合した結果、今現在、二人はお付き合いをしている。

歳の差は一回り違うが、特に気になることはないらしい。

「これって俗にいう生霊とは違うし、予知夢とも違うじゃないですか。一体、どういうことなんでしょう？」

残念ながら、彼の疑問は解決しそうにはない。

海の社

ある休日のこと、紀藤さんは妻の恵美さんと一緒にドライブに出掛けていた。

正午を回る頃、すぐ近くに道の駅があったので、そこで食事を済ませる。

「何か下のほうへ行けそうじゃない？　腹ごなしに行ってみようか？」

食堂からの景色は高台からの海岸線を一望する。

一部に下へ伸びる階段が見えており、歩行者の姿もちらほらと窺えた。

「結構急な階段だから、ゆっくり行こう」

夫婦は手すりに掴まりながら、仲良く下りていった。

十分もしないで、岩に囲まれた海辺へ到着する。

「何か迫力があるね。あ、あれって何？」

恵美さんが指し示す先には、時代を感じる小さな鳥居がある。

その奥には一メートル四方程のお社のようなものが鎮座していた。

「海に向かって置かれているから、海の神様を祀ったものじゃないかな。海難事故を防ぐとか、豊漁とかそういう意味合いのものだと思うよ」

「ふーん、そうなんだ」

足元の岩場に溜まった海水を恵美さんは覗き込む。

「蟹とか小魚がいないかなぁ」

「どれどれ……」

紀藤さんがしゃがみ込もうとしたとき、背後から強烈な気配を感じる。

反射的に振り返るが、視界の先には誰もいない。

「ん？　どした？」

「いや、何か気配っていうか、視線というか……。気の所為だな、うん」

そうは言いながらも、紀藤さんの視線はお社を捉えていた。

人はいなかったが、視界の中にはお社がある。

その扉が鈍い音を立てながらゆっくりと開き、見たこともない異形の者が這い出してくるところまでを想像した。

「ちょっと、ねぇ、ちょっと！」

「あ、ああ。……もう行こうか」

紀藤さんは足早にその場から立ち去る。

必死に追いかける恵美さんの声は届かないまま、駐車場まで辿り着いた。

「もう、何だっていうのよ。さっきから変よ、あなた」

「何か疲れたから、今日はもう帰ろうか」

車中では恵美さんの不満が噴出し続けたが、紀藤さんの耳には届かない。

自宅へ向けてアクセルを踏み続けた。

その日から紀藤さんは何かの気配を感じるようになった。

自宅、職場、通勤途中と場所や時間を問わずに背後から圧力を感じる。

それは殺意とも思えるほどの強烈なものであった。

その都度、振り返ってみるが、正体は掴めない。

異常な状況は紀藤さんの精神をどんどん蝕んでいく。

「あなた、最近どうしたの？　ちゃんと眠れてもいないようだし」

「何でもない。いいから放っておいてくれ」

紀藤さんの異変は恵美さんも感じ取っていた。

いつもは優しかった夫が、ギスギスしている。

夜中に魘されて飛び起きることもあるし、何でもない日常の中で急に背後を振り返る。

何処か怯えたような表情に不安を感じ、意図を問い質すも何も答えてはくれない。

自然と夫婦間に距離が生まれ、休日もそれぞれが別の部屋で過ごすようになる。
最初に気配を感じてから三カ月が過ぎた頃。
既に就寝中だった紀藤さんは濃密な気配に呼応するように目を覚ました。
視線の先、暗い室内の中央に漆黒の楕円形が浮かんでいた。
大きさは一メートル程だろうか。
発せられる圧力は日常的に感じていたものと同じである。
(これがいつも感じていたものの正体か……)
普通ではない状況下にあっても、紀藤さんはすんなりと受け入れた。
そのまま楕円形に触れようとして手を伸ばそうとするが、身体はピクリとも動かない。
なるほど、金縛りか。
冷静に現状を分析していると、眼前の楕円形に稲妻のような白く発光した亀裂が走る。
その亀裂は四方に無数に広がり、楕円形は卵が割れるように消滅した。
一瞬の間を置き、その場から一本の白い手が延びてきた。
手は、紀藤さんを目掛け物凄いスピードで進む。
しかし、その映像は途中からスローモーションのように紀藤さんの脳裏に焼き付く。

骨張った白い手が、紀藤さんの顔面を握りしめるように真っすぐに伸びてきた。

その途中、手は急に軌道を下方へ修正する。

（ぐっ？）

明らかに首元を握られている。

締め上げる力は徐々に強まり、紀藤さんはそのまま意識を失った。


「気が付いたときには病院のベッドの上でした」

横では泣き腫らした顔の恵美さんが、また大粒の涙を零す。

「てっきり自宅から救急搬送されたと思っていたら違ったんですよね」

紀藤さんは例の海岸で、波間に浮かんでいる所を地元の人に発見されたという。

自宅から海岸までは車でも三時間以上も掛かる。

意識を失った紀藤さんがどのようにしてその場まで辿り着いたのかは、未だに解明されないままである。


「絶対にあの社が絡んでいるとは思うんです。でも……」

現在、紀藤さんは背後から気配を感じることはなくなった。

その為、社の謂われや土地の背景を調べる気にはなれない。

蒸し返すような真似は本当に命に関わると思っている。

「気付かない内に禁忌に触れて、その代償に命を取られそうになった。いや、対価みたいなものはもう取られているのかもしれません」

紀藤さんの言葉は酷く重いものに感じられた。

そして、恵美さんとの夫婦関係も完全に元通りにはなっていないという。

一緒に暮らしてはいる。紀藤さんが意識を取り戻したときには本気で涙を流してくれた。

だが、自宅では別の部屋にいる時間が多い。

会話の数も昔と比べると少ないものになっている。

「隠し事があり、海で自殺しようとしていた、というのが妻の見解でしょうからね」

しかし、紀藤さんは自身の体験したことを恵美さんに話す気にはなれないという。

嘘をついているか、頭がおかしくなったと思われるのが関の山。

時間が解決してくれるというのが紀藤さんの期待である。

「最近じゃ、背後からの妻の視線にゾクッとすることがありますよ。圧力とか殺意的な意味じゃ、霊に負けていないんじゃないかな？」

紀藤さんは冗談のつもりで話したのだろうが、何か気懸かりを感じる。
――この話は終わっていないんじゃないだろうか？
どうかその考えが杞憂に終わることを願わずにはいられない。

漁師の生き様

高井さんはとある田舎町で、漁師として生計を立てている。

「怖い話ねぇ……。今じゃ考えられないだろうが、昔はよく死んでたからなぁ」

彼は親の跡を継ぎ、中学を出ると漁師になった。

「狭い町だから、獲れる量も限られる。だから生きていく為には人を蹴落とすのが当たり前だった」

父親と漁に出るが、他の漁師との衝突は日常茶飯事だったという。

それぞれの漁場は決まってはいたが、それを素直に守っていたら稼ぎにはならない。

お互いに出し抜くことだけを考えて、海上で怒鳴りあうことは当たり前となっていた。

「当時、源さんという漁師がいてな……」

父親からは、あの人とだけは揉めるなと常々言われ続けていた。

既に六十歳になろうかという年齢だったが、肉体はバリバリの現役で、その厳つい風貌は周囲の人間を怯ませる。

「まあ、見た目だけじゃなかったようなんだが……」

高井さんの父親がまだ若い頃、勝ち気な漁師はゴロゴロといた。

勿論、彼も腕一本で成り上がってやろうという野心に溢れ、先輩だろうが引く気は全くなかったという。

(今日の潮は悪すぎるな、場所を変えるか……)

船を移動させると、源さんと勝次さんが罵りあっている場面に出くわした。

「だからよー、譲る気持ちがないのかよ？　同じ仲間なら、少しは気ぃ遣えよ！」

「うるさい、俺の漁場に踏み込むな。ガタガタ言ってると沈めるぞ」

自分までが喧嘩に参加していたら魚を獲る時間がない。

高井さんの父親は沖のほうに移動し、ある程度の成果を得て帰港した。

(ん？　源さんと勝次さんはまだ帰ってないのか。どっちも見なかったがなぁ)

組合に魚を卸し、船の網を片付けると高井さんの父親は帰宅した。

その日の夜、組合からの連絡で勝次さんが帰港していないことを知る。

捜索の為、皆が船を出し、ライトで海上を照らしながらその行方を追う。

「いたぞー！」

転覆した船の横で、勝次さんはうつ伏せになって浮かんでいた。

「親父の話じゃ、源さんと揉めた奴はみんないなくなったみたいだ。だからその内、誰も関わらなくなっていったよ」

それでも高井さんは源さんのことが気になっていた。

源さんの漁獲量は組合の中でもダントツを誇る。

一概に漁場が良いという理由だけでは、動き続けている魚を相手にしている以上、説明がつかない。

高井さんの船は適度な距離を保ちながら、その秘密を探ろうとしていた。

ある日、源さんに声を掛けられた。

「おい、高井の坊主」

「知りたいのか？　どうやったら獲れるのか？」

「あ、いや……」

全ての考えを見透かされているようで高井さんは言葉に詰まる。

「まあいいさ、お前にだったら教えてやってもいい。今日、飲みに行くぞ」

源さんの言葉に従い、その夜、近所の居酒屋に顔を出した。

店の端にあるテーブル席に向き合う形で腰を下ろす。

暫くの間、特に会話もなく二人は飲み続けた。

「海の神様って見たことがあるか？」

唐突な源さんの質問に、高井さんは首を振る。

「まあそうだろ。要はその神様に好かれたらいいだけの話だ」

要領も得ないし、漠然とした内容に高井さんは揶揄《からか》われていると感じた。

「そうですね。いつか好かれるようになりますよ。じゃあ、明日も早いんで……」

これ以上の無駄話に付き合う気にはなれず、高井さんは席を立つ。

「高井の坊主、貰うだけじゃダメなんだよ。あげるから貰えるんだ」

ニタリと笑う源さんの顔は凄みを帯びていた。

不意にその笑みが恐ろしくなった高井さんは、そそくさと店を出る。

「まあ、そんな話だ。それ以上もそれ以下もない話。ただそれだけの話だ」

高井さんはそう話を締め括る。

取材時、別の漁師の方にも源さんのことを聞くことができた。

「ああ、引退するまでトップだった人だな。跡取り候補は何人もいたが、全員事故で亡くしてな……。呪われているんじゃないかって、噂になってた人だよ」

引退した後、源さんは町から消えたと聞く。

そして静かな田舎町では、穏やかな漁が今も続けられている。

事情

現在、二十一歳の高橋さん。

幼い頃に両親を事故で亡くし、祖父母が彼を育て上げてくれた。

「感謝しかなかったんですが、その祖父母も一昨年、続くように他界しました」

古い一軒家に独り暮らし。

自分は家族というものに縁がないのだと思っていた。

そんな生活の中、職場に新入社員が入ってきた。

「可愛い子だな、とは思っていました」

仕事をあれこれと教えていくうちに、二人の距離は急接近する。

彼女のほうから告白され、付き合うようになった。

週末は自宅で一緒に過ごし、将来というものを真剣に考えるようになる。

「でも、三カ月を過ぎた頃、突然別れようと言われました」

理由を訊ねても何も答えてはくれない。

泣きじゃくる彼女をそれ以上問い質すこともできずに、その別れを受け入れた。

「どのみち、職場で顔を合わせるから気まずいなぁとは思っていたんですが」

彼女は出勤してくることはなかった。

同僚達が「これだから最近の子は」と噂をしていると、上司が窘《たしな》める。

「事情があるんだ。あまりそういうことは言うんじゃない」

(事情……？)

気になった高橋さんは、昼休みにこっそり上司に確認する。

「武田さんの事情って何ですか？」

「個人情報にもなるから、そういうことは言えんな」

毅然とした態度の上司に高橋さんは詰め寄る。

「実は彼女とお付き合いをしてました。急に別れ話をされて、出社もしてこないって、気にならないのは無理です」

驚いた表情の上司は考え込む。

「うーん、でもなぁ……。本人からも、みんなには黙っててくれって言われているしなぁ」

結局、きちんとした回答は貰えなかった。

帰宅後、高橋さんは携帯を前にして座り込む。

彼女に連絡を取って事情を聞くべきか。

その事情が原因で別れることになったのではないだろうか。

意を決し、電話を掛けてみるが、一向に繋がる気配はない。

(そりゃそうか。別れた奴と話したくはないよな)

それ以降、彼女のことは考えないようにして日々の生活を過ごした。


それから一カ月が過ぎた頃、帰宅した高橋さんは鍵を開けようとして違和感を覚える。

(開いていた？)

朝に閉め忘れたのかと思いドアを開けると、目の前に揃えられた一足の靴があった。

(えっ？　里香？)

見覚えのある靴は彼女の物に違いがない。

彼は駆け上がるようにリビングまで走り抜けた。

目の前には優しく微笑む里香がいる。

そのままの勢いで駆け寄り、力強く抱きしめた。

「何で……。何でだよ……」

「ごめんね。もう大丈夫だから」

彼女の言葉に涙が止まらない。
暫くはそのまま、抱き合っていた。
「あ、お腹空いたでしょ？　御飯作るからね」
彼をリビングへ残し、里香は台所へ向かう。
間もなく、包丁の小気味の良い音が聞こえてきた。
（いいなぁ、昔に戻ったようだ）
「里香、今日の御飯は何？」
台所を覗き込むと静まり返っている。
何処にも里香の姿はなく、包丁やまな板も収納場所に仕舞われたままであった。
「は、はは……っ」
思わず、乾いた笑いが漏れた。
忘れたつもりでいた彼女のことを夢見るあまり、幻覚を見ていたようだ。
実際、冷蔵庫の中には刻むような野菜などは入っていない。
（馬鹿だな、俺……）
彼は力なく座り込むと、項垂《うなだ》れる。
『大丈夫だよ。ずっと一緒にいるから』

高橋さんの背後から優しい声がした。

そして、包み込むように後ろから抱きしめられる感触が伝わる。

夢でも幻覚でも何でもいい。

ただただ寂しくて悲しくて、この感覚に縋りつくしかなかった。

その後のことはよく覚えてはいない。

気が付くと朝を迎えていた。

ぼうっとした思考のまま、出勤しようと玄関へ向かう。

そこには揃えられた里香の靴が残されていた。


「多分、里香はもう死んでいるんです。それは分かっています」

彼女の携帯へ電話を掛けてみたが、既に繋がらなくなっていた。

事情を知っているはずの上司に再度詰め寄るが、「もう忘れなさい」としか答えてはくれなかった。


高橋さんは毎朝、彼女の靴に手を合わせている。それは供養を願う気持ちと、霊でもいいから現れてほしいという願いが込められているそうだ。

それぞれの想い

仕事帰りの松浦さんは地下鉄を目指していた。

「あれ？　ナオトじゃね？」

その声に反応して振り返ると、見知った顔があった。

「アキラ？　マジでアキラかよ！」

高校時代の親友がそこにいた。

大学はそれぞれ別の所に進んだ為、かれこれ六年ぶりの再会であった。

「いや、偶々出張に来てたのよ。え、お前、札幌で就職してたのかよ」

「つーか、よく気付いたな。声掛けられて、漸く気付いたわ」

路上での話は尽きそうにない。

二人は場所を変え、居酒屋に向かった。


乾杯を済ませた後は、お互いが自分の仕事を説明し、多少の愚痴も零れた。

「そうかぁ、やっぱ大変だよな。高校の頃に戻りたいわー」

当時を振り返ると、話が止まらない。

一緒に馬鹿なことをしていたこと。教師にマジ切れされたこと。

文化祭でバンドを披露したこと。学校をサボって海に行ったこと。

「そういえばさぁ、リエ別れたんだぜ。知ってたか？」

松浦さんが高校時代、恋心を抱いていた女性の話になる。

「お前らさ、両想いだった癖にどっちも煮え切らないから……」

リエの気持ちには何となく気付いていた。

ただ、友人達の手前、何処かで照れ臭さがあった。

東京の大学に進学したリエは、そこで知り合った人と結婚したと風の噂で聞いていた。

告白していたら、違う人生を歩んでいたのかもしれないと、松浦さんは後悔していた。

「そうかぁ、離婚したのか……」

「チャンスじゃん、連絡先教えようか？」

「馬鹿、そういうんじゃないって。大体、あっちに迷惑だって」

少し切ない想い出は、綺麗なままにしておきたかった。

いや、本音を言うと、彼女の中で過去の人間になっていることが怖かった。

それでリエとの話は無理矢理締め括った。

程よく酔いが回った頃、アキラとは連絡先の交換をして別れた。

その後、半年程は特に連絡を取り合うこともなく過ぎる。

何時でも昔の空気間で話ができると思っていたので、この関係性は自然なことだったのかもしれない。


『——リエが死んだ』

仕事中に、突然アキラからのＬＩＮＥが届く。

『嘘だろ、どういうことだよ』

『詳しいことは分かり次第連絡する』

『いや、だから冗談だろ』

その後、既読にもならず、丸一日はアキラからの連絡はなかった。

松浦さんは仕事など手に付かず、悶々として過ごすこととなる。

翌日の午前中、漸くアキラからの着信があった。

「おい、何やってたんだよ。どういうことなんだよ」

捲し立てる松浦さんに、涙声のアキラが答える。

「あのさ、本当だったわ。馬鹿だよな、死んでんの」

言葉を失う松浦さんにアキラは続ける。

「だからよぉ、帰ってこい。そこからなら近いだろ」

「いや、急に言われても仕事もあるし……」

「うるせぇ、仮病でも有休でもいいから、さっさと帰ってこい！　リエが待ってるんだぞ！」

アキラの剣幕に背中を押された松浦さんは、急な体調不良を訴えて早退した。

そして簡単に荷物を纏めると、実家に向かって車を走らせる。


「思ってたより遅かったじゃん。家を間違えてんのかと思ったぜ」

実家の前でアキラは待っていた。

「確か二回くらいしか来てないからなぁ。でも、結構俺の記憶力って凄くね？」

おどけるアキラにいらつきを覚える。

「で、リエが死んだって何だよ！　お前もいつ帰ってきてたんだよ！」

「昨日だよ。お前に連絡して、すぐにチケット手配して。いいから行くぞ」

そういうとアキラは助手席に乗り込み、道案内をする。

松浦さんの質問には一切答えようとせず、淡々とナビ役を務めた。

車は三十分も掛からずに、リエの実家に到着した。

「いいか、お母さん独りだからな。変に取り乱したりすんなよ」

アキラは険しい表情で睨みを利かせてくる。


「すみません、お待たせしました。ナオトを連れて来ました」

「ああ……ごめんなさいね。本当にごめんなさいね。あなたがナオト君ね……」

初めて会うリエの母親は線の細い人だった。

泣き崩れるその姿は、酷く胸を締め付けてくる。

母親に案内されるまま、横たわるリエの元まで進む。

乗せられた布をそっと外すと、少し大人びたリエの顔があった。

「馬鹿な娘でごめんなさい。死んでから会ったってねぇ……」

号泣する母親の横で、松浦さんも大粒の涙を零す。

「いえ……。すみません、こんなとき、何て言っていいのか分からなくてすみません」

少し落ち着きを取り戻した頃、母親がお茶を出してくれた。

その話で、状況が少しずつ分かってきた。

一週間程前に、リエは帰省していた。

少し疲れているみたいだったので、実家に帰ることを勧めていたという。

「そうねぇ、それもいいかも」

その言葉に違和感を覚えたという。

リエは離婚してから仕事を見つけ、東京で一人暮らしをしていたそうだ。

その当時から、大変だろうと帰省を促し続けたが、首を縦に振ることはなかったらしい。

そして先日、仕事から帰宅した母親が動かないリエの姿を発見した。

付近には薬剤の殻のような物が大量に散乱していた為、救急搬送される。

「それでね、アキラ君に連絡したの。死んじゃったって」

生前、リエは東京に同級生がいることを母親に告げていた。

悩みにも乗ってくれるいい子だって常々話していたらしい。


その後、リエの葬儀は近しい親族と松浦さん、アキラだけでひっそりと執り行われた。

葬儀を終えた二人は、地元の居酒屋に入る。

「ってか、お前、リエと会ってたのか」

「ああ、何か悪いか？」

「で、母親とも仲良しって？」

「いや、会ったのも話したのも、慌てて帰ってきたときだな」

「ふーん」

沈黙の時間が流れる。


「お前さ、リエを狙ってたんだろ？」

松浦さんの不用意な一言にアキラはキレた。

「ああ、悪いかよ！　だったらどうしたよ？　お前は未練も何もないんだから、別に問題ないだろ！　いや、そもそも彼氏にもなれてねぇけどな！」

「ああん？」

胸倉を掴みあったところで、店員が仲裁に入る。

一瞬、このまま店を出ていこうとも考えたが、松浦さんの中ではまだ確かめたいことがあった。

「……で、いつから会ってたのよ」

「……あいつが離婚してすぐくらいだな。偶々、街でばったりな」

「……で、良い人を演じて、好きになってもらおうとしてた、と」

「……うるせぇ。そんなんじゃねぇんだ。こんな馬鹿を好きだったたって、今頃、天国で後悔してるだろな」

「ああん？」

店員の視線を気にして、冷静に努める。

「……で、何で俺に連絡してきたんだよ」

「……しゃーねぇだろ。あいつ……お前のこと好きだったんだから……」

アキラは離婚したリエの相談相手になっていた。

当然、話し相手になっていると、楽しかった高校時代の想い出も浮かび上がる。

離婚した後、リエは松浦さんのことをよく思い出していたらしい。

その話し方から、未だに好意を持っていることは伝わっていた。

だから、自分の気持ちは押し殺していた。

そんな中、出張のときに松浦さんと偶然出会った。

そのことをリエに伝えると、前のめりになって聞いてきた。

「それで、それで？　私のこと、何か言ってた？」

嬉しそうなリエの反応に、アキラの中で無性に悔しさが湧いてきた。

それで、松浦さんの言葉をそのまま伝えた。

「そうだよね。普通、そうだよね」

落ち込んだリエの姿に罪悪感が生まれる。

でも事実を伝えただけだから仕方がないと自らに言い聞かせて、これからは自分がリエを大切にしてあげたいと思い続けて接してきたそうだ。

「ナオト……俺の所為かもしれないな。リエが死んだのは……」

離婚という辛い経験の後、松浦さんへの想いという微かな希望を断ち切ってしまったことが、彼女を精神的に追い詰めていったのかもしれない。

「それを言うなら、俺のほうが……」

高校時代だけではなく、アキラと再会したときに、どうしてリエへの気持ちに正直になれなかったのか。

そうすれば、彼女に想いが届き、幸せな生活を送ることができた可能性だってある。

二人の後悔はもう取り戻すことができなくなっていた。

「明日は火葬だ。寝坊すんなよ」

「ああ。お前こそ、遅刻すんなよ」

悲しみを抑えきれない二人は、零時近くまでひたすら飲み続けた。

翌朝、葬儀社の用意したバスに乗り込み、火葬場でリエと最後の別れをする。

火葬炉にリエの姿が消えていく。

最後の瞬間まで見逃すまいと思っていた二人は、涙を零しながら目を凝らしていた。

「――えっ⁉」

小さく驚く声が漏れる。

二人の目の前には、笑顔のリエが立っていた。

『ごめんねー、魔が差したというか……。……本当にごめん。でも、大好きだったよ』

炉の扉が閉まり、火が点いたと思われるタイミングでリエの姿は掻き消えた。

「アキラも同じ姿を見て、同じ言葉を聞いています。だから、夢なんかじゃなくて、本当にリエは最後の別れをしに来てくれたんだと思います」

彼女の最期の言葉は、二人の罪悪感を少しでも和らげようとする彼女なりの優しさだったと松浦さんは信じている。

叔父と彼女

二十代の藤堂さんは霊を見たことはない。

ただ、その存在には怯えている。

「一番感じるのはお風呂で頭を洗っているときですよね」

目を閉じている状態で、背後から人の視線を感じるという。

気の所為とか、想像上の産物と言われてしまえばそれまでなのかもしれないが、彼女は霊の存在を強く信じている。


「その理由は叔父なんです」

叔父は彼女が高校三年生のときに癌で亡くなった。

実家の近くに住んでいた叔父は、しょっちゅう彼女の家を訪れていた。

幼少期から彼女を溺愛し、可愛がっていたそうだ。

「私にとっては普通のことだと思っていたんですが、ある時期を境に家には来なくなりました」

彼女が中学に上がる頃、両親は叔父の可愛がり方に違和感を覚え始めていた。

必要以上に彼女にべたべたと触る。

一緒にお風呂に入ろうとする。

叔父の言動は、愛情というよりは偏愛——と両親の目には映った。

その結果、叔父は実家に立ち入り禁止となる。

「当時はそんなことは一切知らなかったんです。来なくなったのも、仕事が忙しいと両親からは聞いていましたので」

藤堂さんの中学校生活は、学業と部活で目まぐるしい日々が続く。

正直、叔父のことはあまり考えないようになっていた。

「それでもふとしたときに、叔父の視線を感じたことはありました」

校内に叔父がいる訳もなく、誰かの視線を叔父のものと勘違いしたのだろう。

彼女はそう考えていた。


高校三年の夏休みのある日、母親の携帯に一本の電話が掛かってきた。

動揺したような話し方の母は電話を切った後、父親へ連絡を取る。

「うん、そうね、最後だから……」

母親に連れられた藤堂さんは病院を訪れた。

そこには弱り切った姿の叔父がいた。

「ああ……会いた……かった」

息も絶え絶えに話す叔父の姿に、彼女は涙を零す。

もう長くはない、一瞬でそう悟った。

彼女の姿を見て、叔父はパクパクと口を開く。

言葉が聞き取れない彼女は、叔父の顔に耳を寄せる。

「あ……いし……るよ。ずっ……みま……るから」

叔父はいつも笑顔で可愛がってくれた。

どんな我儘《わがまま》も、うんうんと聞いてくれた。

可愛い可愛いと頭を撫でてくれた。

幼少期からの記憶が走馬灯のように思い出される。

その結果、泣き喚《わめ》きパニックを起こした彼女を、母親は病室から連れ出す。

「しっかりしなさい。ここは病院よ。他にも大変な人が沢山いるの。兎に角、冷静になりなさい」

彼女はしゃくりあげながらも、落ち着こうと息を整える。

少し落ち着いてきた娘の様子を見た母親は、頭を撫でて優しく呟く。

「じゃあ、今日は帰るわよ」

「えっ、だって……」

「また別の日にしましょ。ねっ……」

彼女は後ろ髪を引かれる思いで、病院を後にした。

その日の夜、誰にも看取られることもなく叔父は一人で亡くなった。


後日、叔父の葬儀に地方からも親族が集まり、藤堂一家も参列する。

「久しぶりね、なっちゃん。こんなに美人さんになって」

暫くぶりに会う親族との会話に、彼女は多少の疲れを覚えていた。

「おーい、折角だから写真を撮るぞ。達彦さんもそのほうが喜ぶだろ」

顔もよく覚えていない親族が指揮を執り、祭壇の前に一同が並ぶ。

——パシャッ。

シャッターが切られた瞬間、すぐ背後に叔父がいたような気がした。

臭いというか周囲の空気が、叔父が纏っていたある種、濃密なものに感じられた。

暫くして写真を撮った親族から、藤堂家に封筒が届いた。

会食時に大勢を撮影した物も含まれ、結構な枚数になっていた。

両親はそれを仲良く見て、楽しそうに話している。

「ちょっと、私にも見せてって」

「待って順番。ねぇ、あなた」

笑っていた母親の顔が、一枚の写真を見て急に曇る。

「……あなた、これ……」

「ん、どうした……」

父親も険しい顔つきになる。

「いい加減、見せてってば！」

その写真を父親から藤堂さんは取り上げる。

——祭壇の前で親族一同が並んで撮った写真。

皆が笑みを浮かべる中、藤堂さんだけは背後を気にしたように視線がずれていた。

「違うわよ、きっと後ろのお花の陰とかでそう見えている……うん、そうよ」

「そ、そうだ。ほら、会場の中は明るいから、光とかの関係でそう見えているだけだ」

急に何かを取り繕おうとする両親の言葉が理解できない。

そんなにも視線がずれているのはおかしいのだろうか。

「ほら、昔から黒い丸が三つあったら人の顔に見えるっていうじゃないか。だから達彦に見えるってのも、偶然なんだよ」

(叔父さん……?)

幾ら写真を注視しても、遺影以外に叔父さんの顔は見当たらない。

一体両親は何に対して動揺しているのだろうか。

「いや、だからお前の後ろにだな……」

そのようなものは何も見えないと伝えると、両親は安堵したように大笑いする。

「いやだ、あなた。変なことを言って」

「いやいや、お前が最初に変な顔したのが悪いんだって。だから俺もそう見えたんだって」

話から察するに、両親には藤堂さんの背後に叔父さんが写っているように見えていたようだ。

(もしかしたら本当にいたのかも)

彼女は少し嬉しい気持ちになった。

高校を卒業した彼女は地元を離れた場所に就職し、一人暮らしを始める。

新生活は大変なことも多いが、親の目を気にしなくてもよい自由な時間が増えたことが楽しくて仕方がない。

休みの日には映画を見に出かけてみたり、街をぶらぶらすることが多くなった。

偶然、そのときに声を掛けられた男性とお付き合いもすることになる。

初めてできた彼氏に、彼女は甲斐甲斐しく尽くした。

週末は一緒に過ごし、二人の仲はどんどん深くなっていく。

そんなある日曜日の朝、目覚めた彼氏は変なことを言い出した。

「俺さぁ、ここで寝てると変な夢ばかり見るんだよね……」

夢の中で彼は、見知らぬ男性に罵られ続けているという。

怒りの表情を浮かべ、死ね、消えろと罵倒されるのはいつものことだが、昨晩は内容が違った。

『いい加減、俺の奈津美に……。いいか、俺はあいつが小さい頃から……』

その男の言葉で、彼の夢の映像は場面が切り替わった。

厭らしい笑みを浮かべたその男は、女の子の身体を撫で続けている。

「くすぐったいよぉ、やめてって」

楽しそうに笑う幼女とは対照的に、男の鼻息はどんどん荒くなる。

服の中にまで手を入れて、興奮を抑えきれていないようであった。

あまりにも醜い光景に、彼氏は夢から覚めた。

「あ、いや。夢の話だから。別に俺に、そんな変な性癖とかないし。気持ち悪くて起きたんだから、変な誤解はしないで」

彼氏の夢の内容に少しの引っ掛かりを覚えたが、あくまで夢だと軽く考えていた。


その次の週末、彼氏は家に来なかった。

心配した彼女は何度も携帯で連絡を取ろうとし続けた。

そして、漸く電話に出てくれたのは警察であった。

「確認というか説明というか、何を言ってるのかは理解できませんでした」

地下鉄で彼女の家に向かう途中、彼氏はホームから転落し、地下鉄に撥ねられた。

彼女であることは警察には伝えられたが、それ以上は何もできなかった。

「地方から出てきた人だとは聞いてましたから」

彼の両親とは面識がない為、葬儀に参列することも叶わなかった。

楽しかった日々に突然訪れた悲劇は、彼女の神経を蝕んでいく。

仕事は無理をしてこなしていたが、家に帰り一人になると涙が零れる。
目の周りは常に腫れ、自分でも酷い顔をしているなと思っていた。
少しでもその状態を改善しようと、湯船に浸かる。
お湯を両手ですくい、顔にバシャバシャと掛け続けた。
『――奈津美……』
耳元で声がしたような気がした。
背後から強く抱きしめられているような感覚に陥る。
彼氏が現れ、悲しんでいる自分を慰めてくれているのかもしれない。
ただただ全身の神経を研ぎ澄まし、少しでも救われようと思っていた。
身を委ね続けていると肩ごしに回されている両腕の感覚も分かるようになってくる。
両手首が徐々に上に移動し、彼女の胸を鷲掴みにしてきた。
(えっ、いや、ちょっと)
求めていたのはそういうことではない、と我に返ってしまう。
先ほどまで伝わっていた感覚はすっかり消え失せ、静けさが狭い浴室に染みる。
(バカみたい……。何考えているんだろう)
彼女は落ち込み、湯船から上がって身体を洗い始める。

『――はぁ、はぁ……』

また耳元で息遣いが聞こえてきたような気がする。

ただ身体に伝わる感覚は一切なく、自分の幻聴だと言い聞かせた。

風呂から出るとベッドに寝転び、先ほどのことを思い返す。

(欲求不満とか……？　もう本当にバカなの？)

彼の死が悲しくてどうしようもない。

その気持ちに嘘はないのに、変なことを想像している自分がいるようで自己嫌悪に陥る。

気を取り直そうと冷蔵庫へ向かい、ジュースを取り出す。

そのとき、足元に何かが落ちた。

しゃがみ込み確認すると、シルバーピアスが一つ落ちている。

彼氏の物だろうか？

彼女の記憶ではピアスをしていた印象はないが、そうとしか思えない。

部屋には普段着なども多少残されていた為、私物が出てきたところで何ら不思議ではなかった。

そのピアスに無性に愛おしさを感じ、思わず頬ずりをしてしまう。

（愛してるよ……）

『うん、俺も……』

想いに答えるように、頭の中へ声が届く。

錯覚でも何でもいい。その感覚だけが彼女を癒してくれた。

「それから徐々に泣くことは少なくなっていきました。ピアスは常に持ち歩くようにしてましたし」

――死んでしまったとしても愛情は変わらない。

彼との想い出を一生の宝として生きていこうと決めていた。

それから半年も過ぎた頃、職場の同僚に男性を紹介される。

彼とのことが忘れられない藤堂さんは気乗りしないが、同僚の手前、無下に断る訳にもいかず、一緒に食事をすることになった。

その男性は好青年で非常に明るい人だった。

他愛のない会話でもコロコロとよく笑う顔が印象に残る。

（悪い人じゃないみたい）

きっぱりと断ることができないまま、その後も数回食事を重ねる。

「僕と付き合ってください」

別れ際、突然告白をされた。

藤堂さんは男性に対し、正直な自分の感情を伝える。

あなたのことは嫌いではない。ただ、昔の彼氏のことが忘れられない、と。

「僕が絶対に幸せにします。そんな男のことは忘れさせます！」

「……違うの。そうじゃないの……」

突然の事故で彼を失ってしまったこと。その気持ちを整理できないまま、今に至ることを冷静に説明する。

その話を聞いた男性はボロボロと大粒の涙を零した。

「えっ、ちょっと。え、どうしよう」

「……辛かったんですね。それは辛すぎます」

男性のその姿はただの同情ではないように感じられた。

本心から自分に寄り添ってくれているこの人なら、新しい恋が始められそうな予感がした。

藤堂さんは自宅に帰ると、バッグからピアスを取り出し話し掛ける。

「もういいかな？　ううん、絶対に忘れないから。それは約束するから」

何らかの答えが聞こえてくると思っていたが、室内は静かなままであった。

翌週末、また一緒に食事をした後、彼女は男性を自宅へ招き入れた。

「へぇー、ここで暮らしているんだ」

部屋の彼方此方を見ながら楽しそうにしている姿を見ていると、こちらも嬉しくなってくる。

（うん、ちゃんとお付き合いしよう）

そう思った瞬間、男性はハッとした顔をして姿勢を正した。

「あ、すみません。お邪魔しています」

突然、一点を見つめて挨拶を始めた。

藤堂さんがキョトンとしていると、更に言葉を続ける。

「え、あ、はい。友人というか、まあその……」

「えっ、急にどうしたの？」

何もない空間を見つめて話し続ける男性の姿に、何かの冗談を始めたのかと思ったが、どうやらそうでもないらしい。

「お父さんがいたならそう言ってよ。びっくりしたよ」

小声で藤堂さんに伝えてくるが、真剣な表情から嘘を吐いている訳でもないらしい。

「あ、はい、すみません。帰ります」

そそくさと玄関から出ていこうとする男性を必死で引き留める。

「ねぇ、待って。一体どうしたの？」

「いや、あれだけ怒っているんだから今日は帰るよ。また連絡するから」

一人玄関に残され、唖然とする藤堂さん。

漸く我に返った後、とぼとぼとリビングに戻り座り込んだ。

（え？　ドッキリ？　でも、戻ってこないし。嫌いだから、逃げ出した？　でも連絡するって言ってたし……）

彼女の思考はグルグル回るが、一向に答えは見つからない。

――ポトン。

突然、目の前に何かが頭上から落ちてきた。

ぼんやりしたまま、拾い上げる。

（指輪？）

それは彼女の物ではない。

大きさから男性用と思われるが、どうして落下してきたのかが理解できない。

纏まらない思考のまま指輪を眺めていると、昔の記憶が蘇ってきた。

「――叔父さんは結婚していないのに、どうして指輪をしているの？」

「これは将来、奈津美と結婚するときの物だよ。奈津美の分はちゃんとあるから安心してね」

「わーい、叔父さん、大好き」

確か小学三、四年の頃にそんな話をしたような気がする。

今、指で抓《つま》んでいる指輪は叔父さんの物と瓜二つに思える。

その流れで、既にうろ覚えとなっていた叔父さんの顔が鮮明に呼び起こされた。

「嫌っ!!」

思わず指輪を投げ捨て、身を竦《すく》める。

記憶を取り戻した彼女の、身体の震えが止まらない。

――叔父は左耳にだけ、ピアスをしていた。

そのピアスの形状は、元彼の物だと信じていた物と同一である。

「やだ、やだ、やだ」

動揺した彼女は腰に上手く力が入らない。

這うようにしてバッグを置いた場所まで辿り着き、ピアスを探そうと中を弄る。

『何をしようとしてるのかな、奈津美は』

吐息とともに耳元で聞こえた声に、大きく身体が震える。

恐る恐る振り返ってみるが、誰の姿も見当たらない。

それに安心したのか、緊張の限界を迎えたのかは分からないが、意識は徐々に薄れていった。


「その後、色々と振り返ってみたんです」

藤堂さんを奈津美と呼んでいたのは、叔父さん以外にはいなかった。

両親も元彼も友人達も、呼び方はなっちゃんで統一されていた。

それなのに、何故、声の正体を元彼だと勘違いしていたのだろう。

「あと……幾ら探しても、指輪とピアスは見つからないままでした。もう、薄気味悪いというか……嫌悪感と言ったらいいのか……」

そして、付き合うつもりだった男性とも自然消滅した。

「彼は悪くないんです。でも……彼が見ていたのは叔父と考えるのが妥当ですよね。そんな人と一緒にいたら、いつか自分も見てしまいそうな気がして……」

現在の藤堂さんは、叔父さんから名前を呼ばれることも、身体を触られることもないらしい。

ただ、入浴時には粘りつくような視線を常に感じている。

両親が気付いていた叔父の異常性癖は、今も変わらず彼女に纏わりついているようだ。

家の味

角井さんが二十歳のとき、母親は急逝した。

「当時はあまり実感がなかったんですよね」

その彼も所帯を持ち、娘が何げなく放った一言で母親のことを振り返る。

「お母さんのハンバーグが一番美味しいね」

——母親の料理で自分が好きだったものは何だったたっけ？

料理が得意ではなかった母親は、いつも同じようなものを作っていた。

大量に作ったカレー、シチューが一週間の内、三、四日を占めることもあった。

（あ、そうだ。唐揚げは美味かったな）

今となっては味付けの内容を知ることはできないが、妻に再現してもらえるようお願いしてみる。

「うーん、これはこれで美味しいんだけど、もっと味が濃かったような気がする」

料理下手な母親が、特別な調味料を使っていたとは考えられない。

醤油、酒、味醂《みりん》辺りが妥当なラインと思える。

「じゃあ、もっと醤油の量を増やそうか」

できあがったものを二人で試食してみるが、とても美味しいとは言えない代物だった。

「いや待てよ、そもそも肉が固いというか、若干パサついていたような気がする」

「モモ肉じゃないのかしら。ササミとか胸肉を使ってたのかしら」

その後も試行錯誤を繰り返すが、母親の味とは程遠いものであった。

「ごめん、もういいよ」

妻の料理の腕が悪い訳ではない。

自分の記憶が母親の唐揚げを美化し、凄い物だったと勘違いをしている可能性もある。

「でも残念ね、お母さんから角井家の味を教わりたかったわ」

妻のその言葉で、失ってしまったものは戻らないと痛感する。


それから半月が過ぎたある朝。

テンションの高い妻に叩き起こされる。

「絶対そう！　間違いないから！」

何のことかと訊ねるも、妻は意味ありげに笑っているだけだった。

また、朝食の最中も、時折思い出し笑いを浮かべている。

角井さんは機嫌が悪い訳じゃないからいいか、と受け流すことにした。

「じゃあ、お仕事頑張って！　今日は寄り道しないで真っすぐ帰るんだよ！」

玄関先で盛大に見送られることに気恥ずかしさを覚える。

「どーも調子が狂うよなぁ……」

聞こえないようにぼそりと呟きながら出勤した。


十九時を回る頃、帰宅した角井さんを妻が元気よく出迎える。

「はい、お疲れー！　じゃあ、御飯にしよう！」

食卓テーブルに家族三人で座り、「いただきます」と声を合わせる。

「あれ？　今日のおかずは？」

「ジャジャーン!!」

妻は隠していた大皿を取り出す。

皿の上には大量の唐揚げが乗り、三人で食べる量とはとても思えなかった。

「えっ？　おかずはこれだけ？」

「うん、これだけ」

「え？　いつものようにサラダとかないの？」

「いいから、男は黙って食べたらいいのー！」

妙なテンションに促されて、唐揚げを齧《かじ》る。

「どう？　美味しいでしょ？」

妻の問い掛けに、角井さんは言葉が出ない。

涙を流しながら、ひたすら唐揚げを食べ続けていた。


「お母さんの唐揚げは美味しいね」

娘の言葉でハッと我に返る。

「こ、これ……」

「どう？　角井家の味、再現できたでしょ？」

勝ち誇った顔の妻は一瞬の間を置き、ペロリと舌を出す。

「ってことで、あなたからもちゃんとお礼を言ったら……」

――昨晩、妻の夢に母親が出てきたという。

『ごめんなさいね。ちゃんと教えるからね』

そう言うと、目の前には唐揚げの材料が現れた。

『鶏は胸肉を使うの。あの子、大量に食べるから』

そう言いながら母親は、酒、醤油、味醂とおろし生姜の分量を教えてくれた。

「で、これが味の決め手」

玉ねぎの千切りを加えて一緒に混ぜ込む。

「これを半日冷蔵庫で寝かせて、味を浸み込ませるの。後は粉を付けて揚げるだけよ」


そこで、妻はハッとして目覚めたという。

いつもは夢の内容などよく覚えてはいないが、唐揚げの分量と手順はしっかりと頭に残っていた。

「あなたがもっと味が濃かったって言ったのは、肉と一緒に揚げる玉ねぎの所為ね。その甘みと香ばしさを濃い味って勘違いしていたのよ」

確かに妻の言う通りである。

ただ、玉ねぎの千切りという特徴のあるものを、どうして忘れていたのだろう。

「何で忘れていたって顔をしているわね。それよりも大事なことを忘れているんじゃない？」

妻の言葉で気付いた角井さんは仏壇に向かう。

その後を妻と娘が続く。

「命日だったね、ごめん忘れてた。そしてありがとう……」

母親の遺影に向かい、親子三人で仲良く手を合わせた。

「妻は、娘にもレシピを伝えるそうです。角井家の味は私が責任を持って引き継ぐ、って張り切っていますよ」

少し照れ臭そうに話す角井さんの表情は、とても晴れやかに見えた。

名取家

還暦目前の竹下さんは、その記憶を振り返る。

「お金持ちという記憶はあまりないんですが、色々と思い出すとそうだったんですね」

幼少期の竹下さんがはっきりと覚えているのは広い和室である。

続きの和室の襖を開放していたのだろうが、その広さは六十畳以上はあった。

曽祖父は一番奥の場所に陣取り、その周囲にはいつも複数人の姿が見えていた。

「偶にですが、可愛がってもらった想い出があります。曽孫が嫌いという訳ではなかったんでしょうが、大人の付き合いがあったんでしょうね」

彼の曽祖父は一代で財を成した。

石炭の採掘を元にした事業であるが、運搬用に線路と汽車を整備した結果、当時の郵便や運送業にも路線が活用される形になる。

曽祖父の周囲の取り巻きは、所謂太鼓持ちである。

自分の会社を優遇してほしい旨、御機嫌伺いに一日を費やす日々。

「まあ、当時はそんなことまでは知らなかったので、何処のお家もそんなものなんだろうと思っていました」

竹下さんが小学二年のとき、曽祖父は突然亡くなった。

死因は心筋梗塞である。

前日まではいつもと変わらない様子で取り巻きにあれこれと指示を出していたので、家族も周囲も大変驚いた。

曽祖父の葬儀は、広い自宅で盛大に執り行われた。

地元民だけではなく、周辺の地域からも大勢の参列者が訪れ、置き場所のない献花は玄関前の道路に山積みとなっていた。

「それから間もなくですよ」

曽祖父の事業は、その息子の祖父が引き継いだ。

ただ、祖父には商才がなかった。石炭事業も下火となり、路線活用も上手く進まない。

家は多額の負債を抱え、一家離散となる。

「あ、そのときに、母方の姓で竹下になったんです。曽祖父の姓は名取だったので……」

離散という名目ではあるが、竹下さんの母親は計算高かった。

債権者が押し寄せる前に、金目の物を誰も使用していない田舎の空き家に運び込んでいた。

「で、それを使って、両親と私が縁も所縁もない所で生活を始めました」

父親は名取の姓のまま内地に出向き、出稼ぎ仕事に従事する。

一年の殆どは家に帰ることもなく、働きずくめの生活だった。

一方、母親は裕福な暮らしが捨てられなかったのだろう。

当時では高価だったカラオケ機材を購入し、近隣の主婦を集めては朝から夕方まで歌い遊ぶ。

昼食もお寿司などを振る舞い、気前のいい生活を続けていた。

「まあ、そんな暮らしがいつまでも続く訳もないですよね」

竹下さんが高校を卒業する直前に、母親は自己破産した。

曽祖父の財産は使い果たし、彼方此方からの多額の借金で首が回らなくなっていたのだ。

「で、また夜逃げをしたんです。近所に対するプライドが原因かと思っていたんですが……」

生活に困った竹下家は、父親の伝手を頼りに内地に向かう。

とある県の山奥で、プレハブ小屋での生活が始まった。

「建設作業員の飯場ですよね。他の作業員と寝泊まりは一緒で、母親はそこでの飯炊き要員でした」

慣れない仕事で身体は悲鳴を上げるが、金の為には文句も言ってはいられない。

そこでの生活が半年も過ぎる頃、見るからに怪しい二人組が現場に押しかけてきた。

「竹下さん、探しましたよ」

母親の借金は闇金業者にも及んでいたらしい。

彼らには自己破産などという言葉は通用せず、有り金は全て回収されてしまった。

「ここにいたら、いつまで経っても元の生活には戻れない」

母親の言葉に従い、家族揃ってその現場から逃げ出す。


また別な県で、土木作業員としての生活が始まった。

「今度は何の伝手もない場所だったので、賃金は兎に角安かったんです」

何処の馬の骨とも知れない者を使ってもらえるだけありがたいと、一家は住み込みで働き続ける。

「そうしたら三カ月程で、父親が倒れまして……」

病院で診察を受けたら癌が発覚した。

既に末期で手の施しようはないという。

痩せてきているとは思っていたが、過酷な仕事の所為だろうと考えていた。

ベットに横たわる父の弱り切った姿は、暗い未来しか想像をさせてはくれない。

「無理だわ。逃げるよ……」

そのまま母子は病院を後にした。


とある街に流れ着き、母親はスナックで働き始めた。

竹下さんはスーパーの店員という職を得る。

「質素な生活でしたが、食べることには困らなかったんですよね。惣菜とか余った物を持ち帰れたので」

母親は朝方に泥酔状態で帰宅する。

そのまま眠ってくれるというのがありがたいが、偶に竹下さんが出勤する直前まで絡んできた。

「あたしはね、名取に嫁がなかったら、いい生活をしてたの。全部悪いのは名取なの……」

はいはい、と聞き流しながら、身支度を調える。

(そもそも、見栄の為に借金拵えてこんな暮らしになったのはお前が原因だろう……)

学歴も中卒までしかない為、仕事を探すのにも苦労した。

父親も捨て去った為、現在は生きているのかどうかも分からない。

更に言えば、闇金業者が未だに行方を追っている可能性だってある。

溜め息しか出ないが、そんな母親でもまだ一緒にいる自分のことが理解できない。

「ちょっと、聞いてるの？　そう、名取の呪われた血が、この状態を招いたの。あんただって覚えてるでしょ！」

面倒になってきたので、早めに家を出ようと玄関に向かう。

「ほら、あんたが小学校に入った頃。玄関で喚いて死んだでしょ！」

竹下さんの記憶が当時を呼び起こす。

――学校に行こうと玄関で靴を履いていた。

外から怒鳴り声のようなものが聞こえてくる。

何だろうと思いながら外に出ると、喚いて暴れている男とそれを制止しようとする二人の男性がいた。

「頼むから、もう一回だけお願いします！」

「いいから黙れ！　場所を弁《わきま》えろ！」

「あ……、僕のほうから、お爺ちゃんに言ってくれないかな？　今度はちゃんとやるって、木村が言ってるから許してって！」

竹下さんに気付いた男が縋るような目で訴えてくる。

「うるさい！　もう終わりなんだよ！　名取様に二度目はないんだ！」

その言葉にキレた男は雄叫びを上げた。

二人の男を振り払い、懐から刃物を取り出す。

「……じゃあ、いいよ。名家の前で派手に死んでやる。そう仕向けたのは、お前らの大切な名取様だって、覚えとくがいい……」

男は躊躇うことなく、自らの首を掻っ切る。

噴き出る血と歪《いびつ》な呼吸が理解できない。

「見てはいけません！」

その場から引き離されようとするが、門構えにまで飛び散った血が竹下さんの記憶に刻まれた。


——その鮮烈な記憶を忘れていたことに気付いた竹下さんは、身体が震えた。

「だから、名取は呪われてるって。他にだって……」

仕事前にこれ以上動揺したくはない。

竹下さんは母親の言葉を無視して職場に向かった。

「振り返ると、特に騒ぎにはならなかったんです。当時は警察や役場にも睨みが利く名家だったってことでしょうね」

別の機会に、曽祖父と取り巻きのやり取りが聞こえてきたこともある。

「使えん者は外せ。代わりは幾らでもいる……」

「勿論です。失敗は許してはいけません。その代わりなら、私どものほうで……」

当時は理解できなかったが、曽祖父の仕事に情というものは存在していなかった。

例の和室で土下座をしている人や、泣きながら縋りついていた人もいた。

そのような人々は、取り巻きの中から消えていく。

そしてまた新しい人が加わっていた。

当時の詳細は知る由もないが、竹下さんが知らなかった曽祖父の一面が、朧気ながら記憶の底から浮かび上がってきた。

それから二週間程したある日のこと、出勤する時間になっても母親は帰宅していなかった。

竹下さんは、どうせ酔い潰れてお店で寝ているのだろうと思い、スーパーへ向かった。

帰宅し、いつものように余ったお惣菜を食べていると、部屋の隅に木片のような物が落ちていることに気付く。

何も考えずに拾い上げると、〈名取〉の文字が刻まれていた。

(これって……)

——名取家の門に飾られていた表札と瓜二つであった。

一部には少し変色した染みまである。

(絶対これ、本物だよな)

また当時の記憶が蘇る。

彼が男の自殺を目撃した際、血糊は周辺を汚した。

「早く拭き取れ。名取様に気付かれる前に、綺麗に片付けろ」

取り巻きの男達は慌てながら、周囲の血痕を消し去ろうとしていた。

横たわる死体には見向きもしないで、名取家に対する異常なまでの執心ぶり。

それはただの主従関係ではなく、私欲を満たす為に媚び諂《へつら》う人間の悍《おぞ》ましさでしかない。

ある意味、そのように洗脳した曽祖父はどれ程恐ろしい人間だったのだろうか。

竹下さんは吐き気を抑えきれなかった。

「で、それから一週間くらいして、漸く母親は帰ってきたんです。当時はまた逃げたと思ってたんですけどね」

あの日、竹下さんが出勤した後に、母親は帰宅した。

彼の想像通り、お店で潰れていたらしい。

母親はまだ酒が残っていて、気持ちの悪さで早々に布団に潜った。

なかなか寝付けないでいると、額に何か固い物がぶつかる。

「痛いなぁー、もう、何だってのよ！」

不機嫌そうに目を開けると、自分を取り囲むように四人の男が座っていた。

（え、有藤さん、三ツ谷さん、近藤の爺さん、木村さん……）

全員、名取家に関わった人達である。

線路を通す為に土地を騙し取られた者、裏帳簿を纏めていた者、採掘場の責任者をしていた者、運送業の仕分け担当をしていた者。

理由は様々だが、曽祖父に恨みを抱き、その命を絶った人達であった。

「あたしじゃない！　名取でしょ！　化けて出るなら名取の人間にしなさいよ！」

母親がそう叫ぶと、男達は姿を消した。

そして、見覚えのある名取の表札だけが残されていたという。

（このままではあの男どもに取り殺されてしまう）

そう考えた母親は木片をバッグに仕舞い、北海道の名取家まで表札を戻しにいくことにした。

「長い道中、母親の記憶は途切れ途切れになっていたみたいですね。表札を戻すことを思いついた時点で、憑かれていたと考えるべきなんでしょうが……」

三日間掛かって漸く辿り着いた田舎町には、名取家は存在していなかった。

跡地の玄関側は雑草の生えた空き地があり、曽祖父がいつもいた和室のほうには小さなアパートが建っていた。

それでも母親は、門構えのあったと思われる場所に表札を置いて逃げるように帰ってきたという。

「その話を聞いた後、自分が部屋で見つけた表札を見せるかどうか迷いました。結局、見せることはできずに、ずっと隠し持っていたんです」

竹下さんが部屋の隅で見つけた表札と、母親が北海道まで返しにいった表札。

全く同じ物が、同時刻に二人の元にそれぞれ存在していたことになる。

また、母親は表札を返した後とんぼ返りをしていたはずなのだが、帰宅するまでに一週間を要している。

その空白の時間は、何処で何をしていたのか記憶にないという。

今から五年前、竹下さんの母親は亡くなった。表札が現れたあの日から亡くなるまでの長い間、四人の男達は結構な頻度で夢枕に立ち続けていたようだ。

「まあ、そうですよね。名前が変わったから無関係、って理由が通じる訳はないんですよ。曽祖父を始めとした名取の人間に恨みがあるんですから、一度でも名乗ったり血を受け継ぐ者は、対象になるのが筋じゃないですか」

竹下さんの夢枕にも男達は現れている。

その間、心臓は握り潰されているような痛みが続き、姿が消えた瞬間に解放される。

「いつまで続くのか分かりませんが、受け入れますよ。この汚れた血が途絶えたら納得するんでしょうから」

竹下さんが独り身を通した理由はここにある。

そして〈汚れた血〉と卑下した訳は、病床の父親を見捨てたという罪悪感を抱え続けているからなのだろう。

あとがき

お疲れ様です。皆様、『実話奇聞 怪談骸ヶ辻』は如何でしたでしょうか？

掲載された内容は怖い話だけではなく、バリエーションに富んだものを選ばせていただいたつもりです。

私個人としては怖い話だけが怪談だとは思っておらず、優しいお話や意味不明なお話も大好きです。

その魅力に気付く切っ掛けになっていただけたのなら幸いです。


さて、今回も作品化に当たり、改めて現地の空気を感じてきました。

こちらも個人的な考えですが、土地、建物、思いに触れ、怪異に寄り添うことで、お話に命を吹き込むことができるような気がしているのです。

おかげさまで、現在体調不良です。

近日、精密検査を受ける予定になっており、恐らくはそれなりの治療を受けることになりそうです。

そんなことがありながらも、怪異蒐集は辞められません。
知人は取り憑かれていると言いますが、本望です。
まだまだ知らない世界を覗きたい。それを皆様にお伝えしたい。
その欲求は消えそうにありません。

今回も一冊の本という形にできたのは、関係者の皆様の御尽力があってこそです。
この場を借りて心からの御礼を申し上げます。

最後になりますが、新たなお話は続々と舞い込んできております。
――怪は怪を呼ぶ。
この言葉は本当です。怪異に触れ続けていると、別の怪異が近づいてきます。

どうか皆様の元にも素敵な怪異が訪れますように。

令和五年某月某日　服部義史

実話奇聞 怪談骸ヶ辻

2023年4月 5 日　初版第一刷発行
2023年6月25日　初版第二刷発行

著者……服部義史
カバーデザイン……橋元浩明（sowhat.Inc）

発行人……後藤明信
発行所……株式会社　竹書房
〒102-0075　東京都千代田区三番町8-1　三番町東急ビル6F
email: info@takeshobo.co.jp
http://www.takeshobo.co.jp
印刷・製本……中央精版印刷株式会社